Contes et Légendes du Loup

Conforme à la loi n° 49956 du 16 juillet 1949 sur les publications destinées à la jeunesse
ISBN 2 -09 - 282620 - 4

LÉO LAMARCHE

CONTES ET LÉGENDES DU LOUP

Illustrations de Xavier Mussat

Nathan

I

UN FROMAGE AU FOND DU PUITS !

UN JOUR D'AUTOMNE, Mathieu Taillefer peinait à labourer son champ. Il faisait encore chaud, les derniers grillons crissaient dans les herbes et Mathieu était mécontent car les bœufs rechignaient à tirer la charrue. C'étaient pourtant deux solides gaillards, gras à souhait, mais qui eussent préféré rester à l'étable plutôt que d'aider leur maître dans son travail. Blanchard et Rousseau avançaient donc lentement en traînant les sabots. À bout de patience, le paysan finit par crier à son attelage :

– Allez au diable, et que le loup vous dévore !

Un grand loup maigre, qui rôdait justement dans les parages, l'entendit et se réjouit à l'idée de se régaler bientôt de deux beaux bœufs tout en chair et en graisse. Il se tapit dans les broussailles et attendit le coucher du soleil. Les heures passèrent et le loup patientait toujours. Lorsque, la journée de travail terminée, le paysan en vint à détacher ses bœufs, l'animal surgit du taillis, alla le trouver et lui dit :

– Donne-moi les bœufs que tu m'as promis !

Le paysan s'étonna :

– Moi, je t'ai promis quelque chose ? Je ne t'ai même jamais vu ! Comment aurais-je pu te donner ma parole ?

Mais le loup insista :

– Il n'y a point à tortiller ! Je dois avoir ce que tu m'as promis, sinon je te dévore, toi, en plus de tes deux bœufs.

Une longue discussion s'ensuivit. L'homme faisait de grands gestes, le loup retroussait les babines et lui montrait ses crocs.

Pendant que leur maître se disputait avec le loup, Blanchard et Rousseau paissaient tranquillement parmi les hautes herbes, insouciants, inconscients de la menace qui pesait sur eux.

À la fin, hors d'haleine, l'homme et le loup décidèrent d'aller trouver quelqu'un pour les départager. Laissant les bœufs à leur pâture, ils se mirent en chemin et ne tardèrent pas à croiser une chienne. Le laboureur l'aborda aussitôt.

– Chienne, voilà que le loup me réclame deux bœufs que je ne lui ai jamais promis. Comme je les lui refuse, il veut me dévorer par-dessus le marché !

– Homme, répondit la chienne, je ne me soucie guère de vous départager. J'ai bien servi mon maître jusqu'à présent, mais quand il m'a vue vieille, il m'a chassée pour n'avoir plus à me nourrir. Je ne veux plus entendre parler de tes semblables !

Un peu plus loin, ils croisèrent une jument. Mathieu Taillefer proposa de la consulter et le loup accepta aussitôt.

– Jument, dit Mathieu, le loup me réclame deux bœufs que je ne lui ai jamais promis. Comme je les lui refuse, il veut me dévorer par-dessus le marché !

– Homme, dit la jument, il n'est pas question pour moi d'arbitrer votre querelle. J'ai bien servi mon maître jusqu'à présent. Mais quand il m'a vue vieille, il m'a abandonnée dans la forêt pour ne plus avoir à me nourrir. C'est pourquoi je m'interdis désormais de m'occuper des affaires des humains !

Mathieu Taillefer et le loup continuèrent à avancer et finirent par rencontrer un renard, qui passait là tout à fait par hasard. Quand ils se furent salués, le renard leur demanda :

– Mais où allez-vous donc, beaux sires ?

Ils lui contèrent toute l'affaire : les paroles malheureuses du paysan et l'impatience du loup à croquer les deux bœufs et leur maître, par-dessus le marché.

Sans même prendre le temps de réfléchir, le renard les rassura :

– Inutile de chercher plus loin votre juge, messeigneurs, car je peux moi-même vous éclairer. Ma sagesse est infaillible et j'aurai tôt fait de trouver une solution. Mais, auparavant, laissez-moi tenir conseil avec chacun d'entre vous, en privé. Acceptez-vous ?

Mathieu Taillefer et le loup furent aussitôt d'accord, trop heureux de trouver enfin quelqu'un pour régler leur querelle. Le renard se retira d'abord avec le paysan. Le rusé alla droit au but :

– Donne-moi une paire de poules pour nourrir ma famille et tu conserveras tes bœufs.

Comment, dans ces conditions, le paysan n'aurait-il pas été d'accord ? Il n'hésita pas une seconde :

– Tope là, l'ami, marché conclu !

Mathieu Taillefer partit donc sur-le-champ choisir une paire de poules parmi ses plus belles pour les donner au renard.

Tandis qu'il se dirigeait vers la ferme, le rusé discutait avec le loup :

– Compère loup, au nom de notre amitié de toujours, j'ai obtenu du paysan la promesse que si tu laissais ses bœufs en paix, il te donnerait un fromage grand comme une roue de charrette.

Le loup eut besoin d'un bon moment pour réfléchir, car il n'était pas très malin. Le renard insista :

– Réfléchis bien, ami. Tu ne pourras jamais manger deux bœufs d'un coup et la viande se corrompt vite au soleil. Alors qu'un tel fromage se conservera des jours et des jours, et...

– D'accord, renard, je prendrai le fromage.

– Alors suis-moi. Je t'emmène dans la réserve du paysan. Tu pourras y prendre tout que tu voudras.

Séduit par ce discours, le loup laissa repartir le laboureur avec ses bœufs.

Les deux compères se mirent en route, de chemin en chemin et de haie en talus. Le renard promenait son compagnon par monts et par vaux afin de lui faire perdre tout sens de l'orientation. Ils marchèrent jusqu'à la nuit noire. Lorsque, les pattes rompues, le loup demanda grâce, le renard le guida jusqu'au bord d'un puits très profond.

Assis sur la margelle, il montra au loup la lune qui se reflétait tout au fond, sur l'eau calme du puits. Le beau disque jaune scintillait comme une meule de gruyère doré.

– Voilà le fromage que l'on t'a promis, déclara le renard. S'il te fait envie, saute vite là-dedans pour le prendre.

Au lieu de plonger la tête la première, le loup s'assit à son tour sur la margelle, tout en essayant de réfléchir. Il n'avait guère envie de descendre dans ce puits profond et sombre, mais le fromage promis le faisait saliver de convoitise. Alors, que faire ?

– Que se passe-t-il, frère loup ?

– Tout bien réfléchi, je préférerais que tu y ailles en premier.

– Et pourquoi donc ?

– La tête me tourne de regarder le fond et j'ai la vue trop basse pour descendre sans encombre. Bien sûr, je te donnerai un coup de main si tu ne parviens pas à remonter le fromage. Qu'en penses-tu ?

– Pas question, c'est toi qui veux le fromage, c'est à toi de descendre !

Tous deux se disputèrent assez longtemps sur qui irait au fond du puits et qui resterait au-dehors pour attendre l'autre. Enfin, le renard avisa la poulie suspendue au-dessus du puits et la corde qui portait un seau à chaque extrémité de telle façon que, quand l'un descendait, l'autre remontait. L'animal trouva l'idée lumineuse. Cédant au désir du loup, il s'installa dans un des seaux et se laissa descendre jusqu'à la surface de l'eau. Là, il commença à attendre dans le plus grand silence.

Le loup, qui s'impatientait, finit par demander :

– Quand vas-tu donc remonter ce fromage ?

Le renard lui cria :

– Je n'y arrive pas, il est beaucoup trop lourd. Monte dans le second seau et viens m'aider !

Alléché à l'idée de goûter bientôt cette merveille

ronde et dorée, le loup s'installa dans le seau qui, sous son poids, s'enfonça rapidement. Ce faisant, il hissa hors du puits l'autre seau, plus léger, dans lequel se trouvait le renard. Dès qu'il fut en haut, le rusé animal partit à ses affaires, laissant le loup tout au fond.

Le compère ne mesura pas tout de suite son infortune. Il commença par tenter d'attraper le fameux fromage, mais ne saisit entre ses pattes que le reflet glacé de l'eau. Et lorsque la lune se coucha, le loup comprit enfin qu'il s'était fait berner. Mais comme les parois de pierre étaient lisses, il ne put jamais remonter. Il doit y être encore ; alors méfiez-vous, lorsque vous vous penchez par-dessus la margelle d'un puits !

II

La tête de loup

Il y a bien des années, un petit vieux et sa femme habitaient une modeste chaumière au plus profond des bois. La maison était minuscule mais confortable, surtout pour le chat qui passait la majeure partie de la journée à dormir près de l'âtre.

Les deux vieillards possédaient aussi un agneau qui broutait l'herbe aux alentours. Tout allait pour le mieux, chacun étant fort content de son sort, lorsqu'un jour le matou fit une bêtise. En léchant, en cachette, un peu de crème fraîche, il bouscula le pot qui tomba... et se cassa à grand fracas.

La vieille avait bon caractère, mais cette fois elle se mit en colère :

– Il faut chasser ce chat de chez nous, cria-t-elle dans les oreilles du vieux. Il ne sert à rien, il mange la crème et nous casse tout !

Le chat, entendant ces propos, prit peur et décida de s'enfuir sur-le-champ dans la forêt. Mais il se ravisa, songeant qu'il n'était guère prudent de s'y aventurer tout seul. Il alla donc trouver l'agneau :

– Agneau, mon ami ! Il faut vite nous sauver dans les bois ! Tout à l'heure, le vieux et sa vieille discutaient au coin de leur feu, me croyant endormi. Tu ne devineras jamais ce qu'ils mijotent !

– Dis-moi vite !

– Eh bien, ils ont décidé de nous tuer ! Ils garderont ma peau pour en faire un manchon et toi, tu finiras rôti sur la table de Noël.

– Mais-mais-mêêêêê! bêla l'agneau tout ému. Mais je ne peux pas sortir d'ici, moi, mon enclos est fermé !

– Attends, je vais t'ouvrir ! dit le chat.

Il leva le loquet de sa patte habile et hop ! il poussa la porte.

Le chat et l'agneau s'éloignèrent d'abord de la maisonnette à pas feutrés, puis ils coururent très vite et très loin. Ils galopaient encore quand, au détour d'un buisson, ils tombèrent nez à nez avec une énorme tête de loup qui gisait par terre parmi les feuilles mortes. Les deux compères, d'abord épouvantés, constatèrent avec soulagement que la tête n'avait plus ni cou ni corps.

– Comme c'est curieux ! fit l'agneau. Où est passé le reste du loup ?

– Sans doute une bête encore plus féroce l'a-t-elle dévoré ! suggéra le chat. Emportons cette tête, on ne sait jamais, elle pourrait nous servir.

– Si tu le dis !

Le chat et l'agneau se remirent en marche jusqu'à ce que le soleil disparaisse derrière la cime des arbres. Les bois s'assombrissaient, qu'allaient-ils devenir ? Bientôt, ils aperçurent droit devant eux une lumière vers laquelle ils dirigèrent leurs pas. Au centre d'une clairière, douze loups étaient assis en rond autour d'une belle flambée.

Le chat et l'agneau, d'abord terrorisés, se concertèrent en chuchotant puis s'approchèrent du feu en feignant une assurance qu'ils étaient loin de ressentir.

– Bonsoir, loups !

Les loups n'en crurent pas leurs oreilles ni leurs yeux.

– Bonsoir, chat ! Bonsoir, agneau ! finirent-ils par répondre.

Sans les quitter du regard, ils se mirent tous à se lécher les babines, car les loups sont ainsi faits qu'ils ne peuvent s'empêcher de saliver dès qu'ils aperçoivent une proie.

Faisant mine de ne rien remarquer, le chat s'assit tranquillement près du feu :

– Chers amis, je suppose que vous êtes affamés...

Pour toute réponse, les loups le regardèrent d'un air gourmand.

– Holà, mon compère, cria alors le chat en s'adressant à l'agneau, apporte ici notre gibier de tout à l'heure, nous allons régaler nos hôtes !

Puis, s'adressant aux loups :

– Pardonnez-moi de vous faire si maigre pitance, je n'ai à vous offrir que les restes de notre modeste repas !

L'agneau avait compris. Il s'éloigna et revint un

instant plus tard avec la tête de loup. Les fauves faillirent en avaler leurs langues de stupeur ! Un silence de mort tomba sur l'assemblée quand on entendit le chat protester :

– Ah non, pas celle-ci ! Elle est trop petite ! Va donc en chercher une plus grosse, je te prie !

L'agneau, docilement, remporta la tête, disparut dans les broussailles, attendit un moment puis revint avec la même tête de loup. Le chat la regarda avec dédain.

– Mais non ! Apporte la plus grosse, voyons ! Nos amis les loups ont faim !

L'agneau reprit la tête, fit encore semblant d'aller en chercher une autre. Et bien sûr, il ramena une nouvelle fois la même. Mais le chat, cette fois-ci, s'estima satisfait.

– Fort bien, celle-ci me semble convenable ! Fais-la vite rôtir, nos compagnons doivent avoir hâte de passer à table !

Les loups ne se léchaient plus du tout les babines. Ils se voyaient déjà décapités par l'agneau et le chat, et ils imaginaient leurs têtes tournant lentement sur une broche... Leurs poils se dressaient d'horreur, mais ils n'osaient bouger et s'efforçaient de faire bonne figure. Quatre d'entre eux finirent par se lever, les pattes tremblantes :

– Camarades, le bois commence à manquer pour notre feu. Si vous le permettez, nous irons chercher quelques bûches...

– Bonne idée, répondit le chat, mais surtout revenez vite !

À peine les loups eurent-ils gagné l'obscurité de la forêt qu'ils se mirent à courir à perdre haleine. Voyant qu'ils tardaient à revenir, quatre autres loups proposèrent de partir à leur recherche. Après avoir fait semblant de réfléchir, le chat accepta :

– Allez-y et ramenez-les vite !

Évidemment, au bout d'un long moment, personne n'était revenu. Alors les quatre derniers loups se levèrent à leur tour et suggérèrent d'aller chercher leurs camarades.

– D'accord, mais gare à vous si vous ne revenez pas !

Les loups détalèrent sans demander leur reste. Très loin du feu, ils rejoignirent leurs compagnons, encore tout tremblants de terreur.

Un grand loup noir qui passait par là les trouva essoufflés, terrifiés et penauds. C'était un vieux mâle solitaire qui avait tout vu, tout vécu et ne s'effrayait plus de rien.

– Qu'est-ce qui vous arrive ? s'étonna-t-il. Vous avez rencontré des chasseurs ?

– Pire ! lui confia l'un des loups. Nous avons failli être massacrés par un chat et un agneau.

Le grand loup noir crut qu'il n'avait pas bien entendu. Mais quand les autres lui eurent raconté l'aventure, il éclata d'un bon gros rire.

– Un chat et un agneau, manger des loups ! Foi d'animal, vous plaisantez ! Ou alors, vous avez la berlue ! Allons-y tous ensemble, je vais vous montrer, moi...

C'est ainsi qu'ils repartirent vers la clairière, le grand loup noir en tête du cortège.

Pendant ce temps, le chat et l'agneau se chauffaient tranquillement près du feu, se félicitant de leur ruse. Toutefois, en voyant revenir les loups, ils furent saisis de frayeur. Le chat bondit dans l'arbre le plus proche ; l'agneau, lui, ne savait pas grimper ! Il ne put que s'accrocher par une patte à une branche basse et, vaille que vaille, resta pendu dans cette position plus qu'inconfortable.

Lorsque les loups pénétrèrent dans la clairière, ils n'y virent que la tête qui gisait abandonnée dans l'herbe. Si le grand loup noir fut très déçu de ne trouver personne, ses compagnons, eux, en furent plutôt soulagés.

La meute s'assit en rond autour du feu pour décider de la suite...

Cependant, l'agneau avait des fourmis dans les pattes et n'en pouvait plus.

– Adieu, chat, murmura-t-il, je sens que je vais tomber !

– Tiens bon, tiens bon ! Ils vont bientôt partir ! l'encouragea le chat.

Mais au même moment, la branche cassa et l'agneau tomba pile sur la tête du grand loup noir. Sans se démonter, le chat se mit à crier :

– Vas-y, l'agneau, tue-le ! nous le mangerons pour dîner !

Épouvanté, le loup noir crut sa dernière heure venue. Il secoua la tête si brusquement que l'agneau alla valser dans un buisson, le fauve s'enfuit alors dans la forêt en hurlant de terreur. Les autres loups, quant à eux, étaient déjà bien loin : ils avaient filé sitôt qu'ils avaient aperçu l'agneau !

Quand le calme fut revenu, le chat et l'agneau décidèrent de rentrer dans leur chaumière.

– Assez d'aventures ! soupira le chat, je veux retrouver mon coussin près du feu.

– Et moi, mon enclos d'herbe verte ! fit l'agneau. Laissons les bois aux animaux sauvages.

Aussitôt dit, aussitôt fait, ils reprirent avec soulagement le chemin de leur logis. En les voyant arriver, aux premières lueurs de l'aube, le petit vieux et sa petite vieille leur firent fête. Ils avaient déjà oublié le pot cassé et regrettaient leurs compagnons à quatre pattes.

Ainsi la vie reprit-elle son cours dans la chaumière au milieu de la forêt. Mais, tout au fond des bois, les loups tremblèrent longtemps à l'idée de voir revenir le chat et l'agneau.

III

LE LOUP QUI VOULAIT MANGER DU PAIN

JEAN CLABAUD moissonnait son champ près du bois de Bucaille, sur les hauteurs qui dominent la vallée de Raucourt.

Le soleil avait lentement mûri les lourds épis et la récolte était prometteuse. Jean allait pouvoir nourrir toute sa famille, et peut-être même vendre le surplus à la foire de la ville.

Il en était là de ses réflexions quand un loup affamé sortit des fourrés, se planta devant l'homme et lui dit en se léchant les babines :

– Désolé pour toi, l'ami, il va falloir que je te mange. Ce n'est pas de gaieté de cœur, mais je n'ai rien trouvé d'autre et voici trop longtemps que je ne me suis rien mis sous les crocs.

Jean ne perdit pas la tête pour autant. Il lui répondit calmement :

– Regarde-moi bien : je suis vieux, maigre et bien trop coriace pour toi ! Si tu me laisses la vie sauve, je te donnerai mon déjeuner ; il y a là de quoi te rassasier d'une délicieuse façon.

L'homme sortit alors sa musette, dont il tira une grosse miche de pain croustillante et dorée à souhait.

– Qu'est-ce que c'est ? demanda le loup.

– Du pain.

– Donne-m'en un peu, je veux bien y goûter.

Le moissonneur coupa une large tranche et la tendit au loup, qui n'en fit qu'une bouchée.

– C'est bon, c'est vraiment bon, admit l'animal en se léchant les babines. J'en veux encore.

Bientôt, la miche entière eut disparu dans le ventre du loup.

– Vous mangez souvent, vous, les hommes, de ce mets délicieux ?

– Tous les jours, affirma Jean Clabaud, et même plusieurs fois par jour.

– Ça me plairait bien, à moi aussi, d'en manger tous les jours, dit le loup.

– Eh bien, sourit l'homme, il ne tient qu'à toi ! Sème du blé et tu auras autant de pain que tu le désires !

– Non, c'est vrai ? s'écria le loup tout joyeux. Alors, gentil moissonneur, apprends-moi à semer. En échange, tu auras la vie sauve.

– Volontiers. Ce n'est pas bien difficile. Avant tout, il faut labourer la terre avec une charrue et des bœufs...

– Et j'aurai du pain ? s'enquit le loup.

– Eh là, comme tu y vas, bien sûr que non ! Après avoir labouré, il faut herser pour obtenir de jolis sillons bien parallèles et puis semer...

– Et j'aurai du pain ? l'interrompit le loup.

– Mais non, pas encore, attends... Tu sèmes ton blé en automne, il passe l'hiver dans la terre, puis au printemps il germe et en été...

– Et en été, on peut le manger ! s'exclama le loup.

– Mais que tu es donc pressé ! dit Jean. Non. En été,

il faut laisser le blé mûrir sous la caresse du soleil, puis tu le coupes lorsqu'il est à point et tu le mets en gerbes. Après cela, tu entasses les gerbes en petites meules pour que le vent les aère et que le soleil les sèche bien et achève de les mûrir et alors...

– Alors cette fois, j'ai du pain ? cria le loup, impatienté.

– Non, tu n'as pas encore de pain. Il te faut maintenant transporter le blé sec dans la grange, le battre, le vanner, le mettre en sacs puis porter les grains au moulin, les moudre en farine...

– Et manger du pain enfin ! gronda le loup, l'eau à la bouche.

– Là, là, du calme ! Il faut encore préparer la pâte, la pétrir, y ajouter du levain, attendre qu'elle lève, et quand elle est levée, tu la mets à cuire au four.

– Et alors ce sera du pain cette fois-ci, tout de même ?

Le loup était à bout de patience.

– Oui, ce sera du pain, dit le moissonneur, et tu pourras te régaler.

Le loup secoua alors la tête et poussa un profond soupir.

– Eh bien ce pain-là n'est pas pour moi. Tout bien réfléchi, ça ne me tente pas !

– Comment, ça ne te tente pas ? s'étonna Jean Clabaud. Que veux-tu dire ?

– Trop à attendre et trop de travail, répondit le loup. Trouve-moi plutôt quelque chose qui me remplisse le ventre plus rapidement.

– Eh bien, reste dans les bois et débrouille-toi. Chez les hommes, il faut travailler pour manger.

Jean se leva pour s'en retourner au travail, mais le loup ne l'entendait pas de cette oreille. Ce long discours lui avait creusé l'appétit. Alors, découvrant des crocs redoutables, l'animal se jeta sur Jean Clabaud et l'envoya moissonner au fond de son estomac.

Qu'on se le dise et qu'on se le répète : il n'a jamais servi à rien de discuter avec un loup, mieux vaut prendre ses jambes à son cou !

IV

LE LOUP ET LES TROIS SŒURS

AUTREFOIS vivait en Chine une veuve de condition modeste. Elle habitait dans les faubourgs de Tsiao Ping avec ses trois fillettes, aussi jolies que les premiers rayons de l'aube sur les rizières. Un jour cependant, elle dut s'absenter pour rendre visite à la grand-mère des fillettes dont c'était l'anniversaire et à qui elle destinait des présents. Laissant ses filles à la maison, elle leur recommanda :

– Sheng, Dou et Boji, soyez bien sages, mes petites chéries. Maman va chez grand-mère et ne reviendra pas ce soir. Alors écoutez bien mes recommandations : à peine le soleil aura-t-il jeté ses derniers feux pour se coucher derrière la montagne, fermez soigneusement la porte et poussez le loquet. Prenez soin de vous, mes enfants, et gardez-vous des importuns.

Un loup, qui rôdait autour des maisons en cherchant aventure, entendit ces conseils qui filtraient par la fenêtre ouverte. L'occasion de faire un succulent repas était trop belle, il n'était pas question de la laisser échapper !

À la tombée de la nuit, l'animal, déguisé en vieille femme, traversa Tsiao Ping et s'en vint frapper trois coups discrets à la porte de bois.

– Qui est là ? demanda Sheng, l'aînée et la plus sage des trois sœurs.

– Sheng, Dou et Boji, mais c'est votre grand-mère, voyons !

– Comment, notre grand-mère ! Mais maman s'en est allée chez vous, justement, pour votre anniversaire !

– Chez moi, pour mon anniversaire ? Elle a dû partir par un chemin tandis que je m'en venais par un autre, car nous ne nous sommes pas rencontrées.

Sheng trouvait que la voix sonnait étrangement derrière la porte.

– Grand-maman, lui fit-elle remarquer, comme votre voix a changé !

– Ah ! répliqua le loup, c'est que grand-maman a un rhume et qu'elle a le nez enchifrené. Mais il fait noir, mes chéries, et dehors la pluie tombe à lourds sanglots ; laissez-moi vite entrer, que je puisse me réchauffer près du feu !

Sheng, toujours incrédule, s'en garda bien. Elle était résolue à ne pas ouvrir avant d'avoir éclairci le mystère de cette arrivée tardive, mais Dou et Boji, ces deux petites écervelées, n'attendirent pas d'en entendre davantage. L'une repoussa le verrou tandis que l'autre entrebâillait la porte. Une vieille paysanne se tenait en effet sur le seuil.

– Entrez donc, grand-maman !

Le loup s'engouffra comme un coup de vent dans la chambre. Dans sa longue tunique sombre, le museau caché par un grand chapeau plat, il s'estimait méconnaissable mais, pour plus de sûreté, il souffla la lampe. Il ne restait donc plus pour éclairer la pièce que les braises rougeoyantes du foyer.

– Grand-mère, s'étonna Sheng, pourquoi avez-vous éteint la lampe qui nous donnait une si bonne lumière ?

– Grand-mère a mal aux yeux, répondit le loup.

Sheng lui offrit alors un tabouret. Le loup posa son arrière-train sur le siège, mais se tordit la queue par mégarde et hurla de douleur.

– Grand-maman, demanda Sheng, pourquoi criez-vous ?

– Grand-mère a un abcès fort mal placé et souffre horriblement.

L'animal regarda autour de lui et distingua dans la pénombre une haute corbeille en paille de riz dont on avait ôté le couvercle.

– Je crois que je serai mieux là-dedans.

Et le loup de s'installer, en laissant pendre sa queue à l'intérieur de la corbeille. À la vue des fillettes, la faim le tenaillait et ça faisait « flop, flop, flop » dans la corbeille au rythme des battements de sa queue. Sheng en fut étonnée, mais ne dit rien et attendit la suite.

Pendant ce temps, Dou et Boji s'étaient approchées du loup travesti et le pressaient de les prendre sur ses genoux.

Le loup fit semblant d'embrasser Dou.

– Ah ! Petite chérie, tu es bien dodue, bien grassouillette !

Puis, se tournant vers la plus jeune :

– Quelle belle enfant ! Que tu es tendre et potelée !

Et il attira Boji dans ses bras.

– Décidément, c'est toi que grand-maman préfère, tu sembles en tout point délicieuse.

Malgré sa faim, le loup voulut prendre tout son temps pour déguster les petites à loisir. N'avait-il pas toute la nuit devant lui ? Il fit semblant de bâiller.

– Ah ! Les poules se sont perchées pour la nuit et le Génie du sommeil est passé. L'heure est venue de faire dodo, mes chéries.

Le loup emmena Boji d'un côté de la natte qui servait de lit aux fillettes, et s'allongea près d'elle tandis que Sheng se couchait de l'autre côté avec Dou, sa cadette.

Comme Sheng étendait la jambe, son pied nu rencontra la queue rêche du loup.

– Grand-maman, grand-maman, s'écria-t-elle, qu'est-ce qui est si velu chez vous ?

– Grand-maman fabrique de la ficelle, et elle porte

toujours une étoupe de chanvre sur elle. Elle doit dépasser de ma tunique.

Comme Sheng étendait le bras, sa main rencontra les griffes acérées du loup qui allaient se refermer sur Boji.

– Grand-maman, grand-maman, demanda-t-elle, qu'est-ce qui pique ainsi chez vous ?

– Pour recoudre les semelles des chaussons, grand-maman porte toujours un poinçon sur elle.

Sheng ne répondit rien, mais sortit du lit et alla fouiller dans le feu avec un tisonnier. Soucieuse de voir de plus près comment cette étrange grand-mère était faite, elle approcha une braise de la natte au moment même où le loup s'apprêtait à dévorer Boji. Apercevant deux grands yeux sombres et un museau couvert de poils, elle comprit le danger. À la vue du feu, le loup avait tressailli et s'était dressé sur son séant, abandonnant Boji. Sheng en profita pour prendre sa petite sœur dans ses bras.

– Boji veut faire son petit besoin ! s'écria-t-elle.

– Qu'elle fasse au pied du lit, c'est facile, répliqua le loup.

– Oh non ! Il ne faut pas faire d'affront à Liu, le Génie du lit !

– Qu'elle aille donc faire sous la fenêtre.

– Oh non, car elle offenserait Liang, le Génie de la fenêtre.

– Alors derrière la porte.

– Yang, le Génie de la porte, en serait froissé.

– Eh bien ! devant l'âtre.

– Et Tang, le Génie du foyer ? Il ne doit pas être outragé.

– Alors, qu'elle sorte dans la cour ! Il n'y a pas de génie là-bas, au moins !

– Dou ! appela Sheng, mène vite Boji dehors.

Les deux petites sortirent aussitôt. Il ne restait plus que Sheng, qui fit courageusement face au loup.

– Grand-mère, grand-mère ! Cela vous plairait-il de manger des yangolos ?

– Qu'est-ce donc que cela ?

– Ce sont des fruits, grand-mère, doux et tendres comme la peau d'un bébé, quant à leur chair...

– Est-elle meilleure que la chair humaine ?

– Certains l'affirment. Mais le plus merveilleux, c'est que l'on devient immortel quand on en a mangé.

– Où en trouve-t-on, dis-le moi ?

– Ce sont les fruits du grand ginkgo qui se dresse au fond du jardin.

– Hélas ! Les vieux membres de grand-maman ne lui permettent plus de monter aux arbres, soupira le loup.

– Bonne grand-maman, je grimperai, moi, et j'en cueillerai pour vous.

– Merci ma petite, va vite, va vite.

D'un bond, Sheng fut en bas du lit. Elle se précipita dehors, où elle retrouva ses deux sœurs. Elle se concerta un instant avec elles et hop ! hop ! hop ! toutes trois grimpèrent sur le ginkgo géant.

Assis sur le lit, le loup attendait, attendait, mais Sheng ne revenait pas avec les yangolos promis. Et les minutes passaient, aiguisant la faim du fauve qui salivait en vain.

À bout de patience, le loup se leva d'un bond, courut jusqu'au seuil et cria à tue-tête :

– Sheng, Dou et Boji, où diable êtes-vous passées ?

– Grand-maman, nous sommes sur l'arbre en train de manger des yangolos, répliqua Sheng.

– Bien, mon petit chou, cueille-m'en vite quelques-uns.

– Grand-mère, ce sont des fruits enchantés qui se métamorphosent en galettes de riz blanc aussitôt qu'on les détache de leur arbre. Si vous voulez les goûter, il faut grimper sur une branche.

– Miam, miam, grand-maman, ils sont délicieux ces yangolos ! fit Dou.

– Vous auriez tort de vous en priver ! ajouta Boji.

Au pied de l'arbre, le loup trépignait d'impuissance. Les petites pestes ne perdaient rien pour attendre ! Après les fameux yangolos, il les dévorerait toutes les trois et sans tarder, cette fois !

– Grand-mère, grand-mère, s'exclama Sheng. J'ai une idée. Il y a un grand panier d'osier devant le seuil et une corde de chanvre derrière la porte. Vous pouvez les attacher l'un à l'autre, vous asseoir dans le panier et me lancer le bout de la corde. Je vous hisserai jusqu'ici et vous pourrez vous régaler.

– Chère enfant ! Quelle bonne idée !

En un clin d'œil, le loup eut achevé les préparatifs. Sheng attrapa la corde et tira, tira, tira encore.

Le loup était arrivé à mi-hauteur quand Sheng lâcha la corde. Le panier tomba et patatras ! Le loup en vit trente-six chandelles.

– Oh ! fit Sheng. Je suis trop petite et je n'ai pas assez de forces. J'espère que grand-maman ne s'est pas fait trop mal.

– Grand-mère, proposa Dou, rasseyez-vous dans le panier, je vais aider ma grande sœur.

Le loup, incapable de penser à autre chose qu'aux yangolos dont il allait se régaler juste avant de croquer les trois petites, s'assit de nouveau dans le panier. Sheng et Dou tirèrent, tirèrent... encore plus haut que la première fois. Mais toutes deux lâchèrent soudain la corde et patatras ! Le loup tomba dans le vide. Il se releva en geignant. Cette fois-ci, il avait une patte cassée et une grosse bosse à la tête.

– Grand-maman, grand-maman, supplia Sheng, ne vous fâchez pas.

– Votre patte guérira dès que vous aurez mangé un yangolo, ajouta Dou.

– Cette fois, lui assura Boji, je joindrai mes forces à celles de mes grandes sœurs pour vous monter jusqu'à nous. Vous ne tomberez plus, je vous le promets.

Fulminant de rage, le loup s'installa dans le panier en songeant : « Gare à vous, gare à vous, petites chipies ! Je vous tordrai le cou bientôt ! »

Sheng, Dou et Boji tiraient toutes les trois de leurs six mains. « Oh ! hisse ! Oh ! hisse ! Oh hisse ! » Elles montèrent le panier plus haut que la première fois, plus haut que la deuxième fois : jusqu'à dix mètres de haut. Peu s'en fallut qu'en étendant sa patte valide, le loup n'attrapât une branche.

Sheng donna alors le signal et toutes les trois lâchèrent la corde en même temps. Boum ! Le panier vola en éclats. Le loup se fracassa la tête par terre et ne bougea plus.

Sheng appela : « Grand-maman ! » Pas de réponse. Dou appela : « Grand-maman ! » Pas de réponse. Boji appela aussi : « Grand-maman ! » Toujours pas de réponse. Elles se penchèrent toutes trois, puis se hasardèrent un peu plus près pour s'apercevoir que le loup gisait raide comme une bûche. Il était mort.

Avec des cris de joie, Sheng, Dou et Boji descendirent du ginkgo. Elles rentrèrent dans la maison en fermant soigneusement la porte derrière elles, poussèrent le verrou et purent enfin aller dormir sur la natte de paille de riz.

Le lendemain, leur mère revint au logis. Elle rapportait de la province où vivait la grand-mère toutes sortes de gâteries : des nougats, des gingembres confits, des crèmes d'amande, des sucres d'orge et des oranges. Sheng, Dou et Boji n'en finissaient pas de déguster toutes les friandises, tant il y en avait, ni de raconter leurs aventures de la nuit. La maman se fâcha d'abord de ce qu'elles avaient laissé entrer le loup, puis se félicita d'avoir trois filles si débrouillardes.

Et le loup qui gisait toujours au pied du ginkgo ? Eh bien, sa peau servit à confectionner trois paires de chaussons douillets pour l'hiver.

V

LA PÉNITENCE DU LOUP

C'ÉTAIT il y a très longtemps, au cœur d'une forêt profonde que des hordes de loups sillonnaient. Parmi ceux-ci vivait un grand mâle qui, un beau matin, se sentit mal à l'aise. Mais vraiment très, très mal, comme s'il avait avalé la veille tout un sac de cailloux bien pesants. Son cœur était lourd et son moral au plus bas. Il se traînait parmi les arbres, sa tête touchant presque le sol et ses pattes étaient comme du plomb. À dire vrai, personne n'avait pitié de son état lamentable, bien au contraire, chacun fuyait cette bête féroce du plus loin qu'il l'apercevait.

Seul le geai, à qui rien n'échappe, poussa de grands cris en le voyant :

– Tu as mangé beaucoup d'agneaux, oui ! oui ! Ils pèsent lourd sur ta conscience ! oui ! oui ! Tu n'es qu'un grand voleur et une bête carnivore !

Le loup reconnut au fond de lui que le geai pouvait bien avoir raison, mais ça ne l'avançait pas pour autant. Il traîna donc son mal de haie en buisson, jusqu'au jour où il entendit des voix sur le chemin qui montait à la petite chapelle d'Aigremont. Il se tapit dans un taillis et vit un moine accompagné d'un pèlerin.

– Assurément, mon frère, disait le moine à son compagnon, si vous vous sentez mal, si votre tête lourde pend de tout son poids et si vous avez le cœur en peine, c'est que votre conscience est malade. Il faut vous confesser au plus vite, c'est le seul remède.

– Ainsi ferai-je, frère Jacques. Je vais de ce pas voir le curé.

– Dieu soit loué !

Ces simples paroles plongèrent le loup dans de profondes réflexions. Il avait vaguement entendu parler de la conscience. Et précisément, cette conscience-là lui faisait peur, car il craignait qu'il ne s'agisse d'un organe étrange atteint d'une maladie mortelle.

Il décida donc, lui aussi, d'aller se confesser et se dirigea vers le village le plus proche, attendit tout le jour et, dès que la nuit fut tombée, il rasa les murs jusqu'à l'église qui était encore éclairée.

Le prêtre, qui venait de finir son office, était resté seul un moment en prières et ne fut pas peu surpris quand se présenta devant lui ce drôle de paroissien qui lui demanda de but en blanc de l'entendre à confesse !

Le premier étonnement passé, le curé prit place dans le confessionnal et demanda à ce visiteur inhabituel ce qui l'amenait.

– Je ne me sens pas très bien. Depuis quelque temps, rien ne me fait plus plaisir, je suis triste et mélancolique, je n'ai plus goût à rien, se plaignit le loup.

– Tiens donc ! s'étonna le prêtre.

– Quelquefois même, j'ai l'impression de traîner une grosse pierre derrière moi et j'ai peine à marcher, confessa l'animal.

– Oui, oui, je sais ce que c'est. C'est ta conscience qui te tourmente, expliqua le prêtre.

– Oui, le geai me l'a crié dans la forêt, répliqua le loup, mais je ne comprends pas pourquoi c'est précisément à moi que cela arrive, car je n'ai jamais rien fait de mal.

– N'as-tu pas commis d'horribles massacres, lui rappela le prêtre, et n'es-tu pas à présent couvert de sang ?

– Oui, c'est vrai, j'ai tué beaucoup d'animaux, mais c'était pour me nourrir, ça ne devrait pas m'empêcher d'obtenir l'absolution.

– Ah oui ? Tu oublies le petit chaperon rouge, la chèvre de monsieur Seguin et bien d'autres victimes innocentes. Tu n'en parles pas de ceux-là ! Or, pour gagner le pardon, il faut que tu regrettes de toute ton âme ce que tu as fait. T'en repens-tu au moins ?

– Tu me reproches une chèvre capricieuse et une fillette stupide. Mais tu sais bien, monsieur le curé, que j'aurais pu tuer davantage ! Je pouvais par exemple dévorer les moutons et les agneaux, les chèvres et les chevreaux, les vaches et les veaux, les chevaux et les poulains...

– Je te crois volontiers. Un assassin comme toi est capable du pire ! s'écria le prêtre.

– Mais tu sais aussi que je ne l'ai pas fait. Fais le compte, monsieur le curé, du nombre d'êtres vivants à qui j'ai pratiquement redonné la vie en les épargnant. À commencer par toi : je ne t'ai fait aucun mal, que je sache. Ne penses-tu pas qu'en réalité, je mériterais plutôt une récompense qu'un blâme ?

Le prêtre se fâcha tout rouge.

– Oui, tu l'auras, ta récompense, et tout de suite !

Il prit sa canne et chassa le loup insolent hors de l'église.

– Si tu ne te repens pas, ton âme noire ne sera jamais tranquille, même après ta mort ! lui cria-t-il. Pour ta peine, durant les deux prochaines années, tu ne tueras plus aucune créature. Tu méditeras sur tes fautes et tu te nourriras d'herbe et de chardons. Voici la pénitence que je t'impose !

Le loup quitta le village la queue basse et gagna la campagne, en proie à des idées noires. La faim venue, il tenta bien d'avaler un peu d'herbe et quelques chardons, mais leur trouva un goût épouvantable.

Au matin venu, il aperçut un agneau se désaltérant dans le courant d'une onde pure. Il avança à pas de loup, poussé par une irrésistible envie de sang chaud.

« Que faire ? » pensa-t-il. « Je désire vraiment soulager ma conscience, mais la pénitence que m'a donnée ce prêtre est bien sévère ! »

L'agneau s'attardait, insouciant, sur les bords du ruisseau quand le loup eut une idée. « Qu'est-ce qu'une année ? » se dit-il. « Trois cent soixante-cinq jours. Et qu'est-ce qu'un jour ? Un jour, c'est quand je vois. Quand je ne vois pas, c'est la nuit. Si je ferme les yeux, je ne vois rien, c'est donc la nuit. Si je les ouvre, je vois, c'est donc le jour. » Le loup commença donc à ouvrir et à fermer les yeux très rapidement, en comptant avec soin : « Ouvert, fermé - un jour ; ouvert, fermé - deux jours... »

Ainsi arriva-t-il en un temps record au chiffre de sept cent trente jours.

– J'ai accompli ma pénitence ! s'écria-t-il alors. Deux ans se sont écoulés, durant lesquels je n'ai pas tué une seule créature vivante.

Là-dessus, le loup se jeta sur l'agneau, l'emporta, le mangea sans autre forme de procès.

VI

LA PETITE JEANNETTE

AUTREFOIS vivait près de Tours une charmante fillette que tout le monde adorait. Orpheline, elle était élevée par sa tante dans une maisonnette à l'orée d'un bois. Or, un jour, elle entendit dire que sa grand-mère était malade et la nouvelle la remplit d'inquiétude. N'écoutant que son bon cœur, elle se mit en chemin dès le lendemain pour aller lui rendre visite, de l'autre côté de la forêt.

Elle marcha longtemps. Le sentier s'amenuisait et ne fut bientôt plus qu'une vague trace qui serpentait entre les arbres. Et quand elle arriva au plus profond de la forêt, elle ne vit plus rien du tout et demeura perplexe. De quel côté se tourner ? Elle hésitait.

Un loup passait par là, attiré sans doute en ces lieux par l'odeur de chair fraîche. La fillette, qui ne se doutait pas qu'il ne faut jamais s'adresser à un loup, lui demanda sa route. Elle expliqua qu'elle allait voir sa grand-mère malade et que, désorientée, elle avait fini par se perdre.

– Suis-moi, dit le loup, je vais t'indiquer la bonne route.

Il la conduisit, à travers les arbres, à l'embranchement de deux chemins. Celui de droite était couvert d'aiguilles de pin ; à gauche, il était encombré d'épines et de ronces.

Jeannette, qui ignorait qu'on ne doit pas faire confiance à un loup, lui demanda :

– Lequel des deux dois-je prendre ?

– Le gauche, celui des épinettes, lui répondit le loup sans hésiter, c'est le meilleur et le plus court, tu seras vite arrivée.

La fillette remercia son guide et s'engagea dans la sente hérissée de ronces. Mais plus elle avançait, plus le chemin devenait mauvais : les pierres roulaient sous ses sabots, des branches traîtresses et des épines acérées accrochaient ses jupes au passage. On eût dit que la forêt tout entière voulait l'empêcher d'arriver.

Pendant que Jeannette cheminait ainsi péniblement par monts et par vaux, le vilain loup, qui venait de la renseigner si mal, prit le chemin des épinettes, qui était aussi le plus court, et arriva chez la grand-mère bien avant la petite fille. Il sauta par la fenêtre ouverte, se rua sur l'aïeule et eut tôt fait de la dévorer après avoir rempli une grande cruche de son sang qu'il plaça sur le coffre à pain. Puis il enfila la chemise de nuit de sa victime, cacha sa vilaine tête sous le bonnet de dentelle, se mit au lit et attendit que la petite finisse par arriver. Enfin, Jeannette frappa à la porte, ouvrit, entra et, voyant la pièce plongée dans la pénombre, demanda d'une voix inquiète :

– Comment vous portez-vous, ma bonne grand-mère ?

– Pas mieux, ma petite fille, répondit l'animal d'une voix plaintive. Mais ta visite me fait plaisir. Oh oui, un grand plaisir ! Approche donc, que je te voie.

En quelques pas, la fillette fut au pied du lit. Le loup contempla ses bras potelés, ses joues pleines. Comme la grand-mère avait apaisé le plus gros de son appétit, il décida de garder l'enfant pour son petit déjeuner.

– Mais je manque à tous mes devoirs, reprit-il en minaudant. As-tu faim, ma chérie ?

– Oh oui, grand-mère ! Le chemin était si mauvais, j'ai marché si longtemps !

– Il y a du sang dans la cruche sur la huche, je le gardais pour faire du boudin. Tu peux te faire une fricassée, prends la poêle, cuis-le et régale-toi !

La petite obéit.

Pendant qu'elle fricassait, Jeannette entendit, comme sortant de la cheminée, des petites voix plaintives qui disaient :

– Ah ! La vilaine petite fille qui fricasse le sang de sa grand-mère !

– Ma bonne grand-mère, que disent donc ces voix qui pépient dans la cheminée ? s'enquit Jeannette.

– Ne les écoute pas, ma fille, ce sont les petits oiseaux qui chantent dans leur langage, la rassura le loup.

Et la petite continua sa cuisine. Mais les voix reprirent bientôt :

– Ah ! Ce serait un grand péché que de manger une telle fricassée !

Alarmée, Jeannette s'exclama alors :

– Je n'ai plus faim, grand-mère, je ne veux pas manger de ce sang-là.

– Eh bien ! Viens au lit, ma fille, viens au lit.

Jeannette se glissa à côté du loup. Mais elle ne fut pas plus tôt sous la couette qu'elle s'écria :

– Ah ! ma grand-mère, comme vous avez de grands bras !

– C'est pour mieux t'embrasser, ma fille, c'est pour mieux t'embrasser.

– Ah ! ma grand-mère, comme vous avez de grandes jambes !

– C'est pour mieux courir, ma fille, c'est pour mieux courir.

– Ah ! ma grand-mère, comme vous avez de grands yeux !

– C'est pour mieux voir, ma fille, c'est pour mieux voir.

– Ah ! ma grand-mère, comme vous avez de grandes dents !

– C'est pour mieux manger, ma fille, c'est pour mieux manger.

Jugeant tout ceci anormal, Jeannette prit peur et gémit :

– Grand-mère, j'ai envie de faire pipi !

– Fais au lit, ma fille, fais au lit.

– Oh non, ma grand-mère ! Je vais plutôt sortir. Si vous craignez que je m'en aille, attachez-moi un brin de laine à la jambe. Lorsque vous en aurez assez que je sois dehors, vous le tirerez, j'accourrai aussitôt.

– Tu as raison, ma fille, tu as raison.

Et la méchante bête attacha un brin de laine à la jambe de Jeannette, dont elle garda le bout dans sa patte. Quand la fillette fut dehors, elle rompit le brin de laine et se sauva à toutes jambes. Un moment après, la fausse grand-mère sauta du lit :

– As-tu fini, Jeannette, as-tu fini ?

Et les mêmes voix fluettes sortirent de la cheminée :

– Pas encore, ma grand-mère, pas encore !

Le loup, alarmé, tira le brin de laine, mais il n'y avait plus rien au bout.

Le redoutable animal se mit dans une belle colère : son petit déjeuner lui échappait ! Il se leva en hâte, renifla la piste et s'élança derrière la fillette. Il pensait bientôt l'attraper lorsqu'il perdit sa trace le long d'une rivière où des laveuses trempaient leur linge. Il les interrogea :

– Avez-vous vu la petite Jeannette ?

– Oui, répondirent les laveuses, nous avons étendu un drap sur l'eau de la rivière et elle a passé dessus. Elle est maintenant sur l'autre rive.

– Ah ! dit le méchant loup, étendez-en un tout de suite pour moi.

Le drap se déploya en corolle blanche sur la surface de l'eau et le loup s'y engagea, mais l'animal n'eut pas plutôt fait trois pas qu'il coula et ne reparut jamais plus. Jeannette sortit alors d'une panière de linge où elle s'était cachée et remercia les femmes, se promettant de ne plus jamais écouter le loup.

VII

LUPUS

IL FUT JADIS un roi qui régnait sur un pays dont le nom s'est perdu dans la mémoire du temps. Ce monarque avait tout pour être heureux : il avait épousé une femme belle et vertueuse, d'une noblesse égale à la sienne, et tous deux administraient leur riche contrée avec une sagesse qui les rendait célèbres. Hélas, ils n'avaient pas d'enfants. Et la douleur de laisser leur royaume sans héritier les tourmentait tous deux.

La reine se répétait sans cesse :

– Hélas, à quoi bon la noblesse, à quoi bon la

richesse, à quoi bon la gloire de régner, si nous n'avons pas d'héritier !

Elle fit tous les pèlerinages, visita les ermites, accabla nuit et jour les saints et les saintes de prières... Pour finir par se rendre compte un beau jour qu'elle était enceinte. Quelle joie ! Jamais on attendit un enfant avec plus d'impatience. Mais à son grand désespoir, c'est d'un jeune loup que la reine accoucha le jour venu. Oui, c'est bien un louveteau au pelage gris qui sortit de son ventre !

À la vue de ce nourrisson peu banal, la mère se désola d'avoir donné la vie. Elle eût mille fois préféré ne jamais être mère qu'être la mère d'un loup ! Désireuse de s'en débarrasser, elle donnait des ordres pour qu'on le mène se perdre sans tarder dans la forêt profonde, quand le roi s'y opposa :

– Il n'en est pas question ! C'est mon fils et c'est aussi le vôtre ! C'est ainsi que Dieu nous l'a donné, il nous faut l'élever décemment. Bien mieux, je désire et j'ordonne que mon héritier règne plus tard sur mon royaume. Qu'il reçoive dès maintenant les égards qui reviennent à un futur monarque !

Sur l'ordre de son père, le louveteau fut donc élevé

comme le noble fils d'un grand roi. Il profita, grandit, dressa ses oreilles haut vers le ciel. Son heureux caractère et ses innombrables talents faisaient l'admiration de tous. Car Lupus, tel était son nom, était devenu le petit seigneur de la maison.

Le jeune loup avait une passion pour la musique de la harpe, et il lui tardait d'apprendre à jouer de ce merveilleux instrument.

Un jour, donc, le louveteau alla trouver le musicien de la cour, un maître réputé. Il l'aborda en ces termes :

– Ô harpiste, sois mon maître, je t'en conjure ! Enseigne ton art à ton petit seigneur !

– Que demandes-tu à ton serviteur, mon jeune seigneur ? répondit le musicien, embarrassé. Pourquoi exiges-tu de moi l'impossible ? S'il m'est permis de te dire la vérité sans te fâcher, je te ferai remarquer que tu ne peux, avec tes griffes, atteindre les cordes de la harpe sans les briser. De plus, tu hurles comme un loup et c'est un chant fort laid que tes houhouhou !

Lupus eut grand-peine à dominer son indignation et sa colère :

– D'où te vient, manant, une telle impertinence ?

Quelle idée te fais-tu donc de moi ? Oublies-tu à qui tu parles ?

– Non, répondit le harpiste. Je sais que je te dois respect et obéissance.

– Dans ce cas, reprit Lupus, hâte-toi d'obéir à mes ordres si tu veux demeurer dans le royaume de mon père !

À ces mots, le musicien répondit en tremblant :

– Seigneur, retiens ta colère ! Je ferai comme bon te semblera.

Le harpiste se mit alors à tirer de doux accords de son instrument ; le loup l'accompagna, d'abord de façon malhabile, puis de plus en plus harmonieuse. En peu de temps, il fit de tels progrès qu'il devint plus savant que son savant professeur. Bientôt, il se mit à chanter d'une voix claire qui n'avait rien du hululement d'un loup et ses pattes malgracieuses faisaient naître de douces mélodies qui enchantaient l'âme et l'esprit. Rien ne manquait plus à son bonheur.

Cependant, un jour qu'il se promenait au bord d'une rivière, il aperçut son monstrueux visage sur le miroir des eaux. Lui qui ne s'était jamais vu auparavant regarda avec horreur ses pattes poilues, ses flancs maigres et son cou hirsute. Horrifié par son apparence, il s'abandonna à la fureur et au chagrin : « Par quelle malchance suis-je donc venu au monde ? Le louveteau que je suis pourrait-il vraiment devenir roi un jour ? La couronne de mon père ne peut reposer entre mes oreilles pointues, pas plus que le sceptre d'or ne convient à la patte que voici. Mieux vaut m'exiler du vivant de mon père et éviter ainsi qu'on ne me chasse plus tard, lorsqu'il sera mort. »

Sitôt dit, sitôt fait. Entre tous ses serviteurs, Lupus alla trouver Baptiste, son fidèle confident. Il lui fit part de son projet et lui demanda d'être son compagnon de voyage. Celui-ci, par amitié pour son petit maître, accepta. Le jeune loup lui confia sa harpe et, la nuit venue, ils quittèrent le royaume en secret.

À force de marcher, ils arrivèrent au rivage de la mer et s'arrêtèrent, le temps de trouver un navire de commerce qui accepte de les conduire vers les terres lointaines du levant. Bientôt, le navire appareilla, le vent gonfla les voiles et la brise le fit voler sur les flots.

Lupus erra longtemps de par le monde, cherchant un lieu où se réfugier. En désespoir de cause, il décida de visiter les confins de la terre, là où le soleil émerge des eaux à l'aurore.

Sur une île, un roi avait élevé la capitale de son royaume. C'était un roi sage et vertueux qui n'avait pour toute héritière qu'une fille unique. Celle-ci venait d'atteindre l'âge de prendre un époux et les prétendants se pressaient à sa porte : les grâces de son visage et de sa taille, la pureté de son cœur en faisaient une jeune fille accomplie.

Dès qu'il eut débarqué, Lupus, accompagné de son fidèle Baptiste, frappa aux portes de la ville :

– Ouvrez, ouvrez ! Laissez entrer le musicien et son serviteur !

– D'où es-tu ? D'où viens-tu ? demanda le portier.

– Dépêche-toi d'ouvrir, répondit le jeune loup. Devant cette porte se tient un musicien célèbre qui sollicite les faveurs de ton roi !

Ayant ainsi parlé, il effleura sa harpe de sa patte agile pour en tirer des sons envoûtants.

Lorsque son oreille perçut l'aimable concert, le gardien se pencha à une meurtrière. Et, apercevant un loup capable de jouer de telle sorte, il n'en revint pas de sa surprise.

Tout excité, notre homme se précipita sans perdre un instant dans les appartements privés du roi.

– Illustre sire, devant ta porte se trouve le plus merveilleux des musiciens. Mais, tiens-toi bien : c'est un loup ! Oui, un loup qui joue de la harpe !

– Qu'il vienne ! ordonna le roi, curieux.

Alors, Lupus, touchant les cordes de sa patte griffue, fit son entrée dans la grande salle en jouant une mélodie inouïe. Le roi, à cette vue, fut pris d'une grande frayeur, mais comme le loup commençait à chanter, la peur céda la place au fou rire. La reine, riant de voir rire son époux, était au bord des larmes. Bientôt, la cour tout entière se tint les côtes. Tous, sauf la jeune princesse qui regardait gravement le musicien. Il se fit ensuite un grand silence, Lupus jouait toujours, les yeux perdus dans ceux de la jeune fille qui ne pouvait détourner le regard.

Le loup joua ainsi jusqu'au coucher du soleil. Lorsque le dernier accord eut retenti, on dressa la table. Le roi et la reine s'installèrent aux places royales et leur fille, encore tout émue, un peu en retrait à côté de sa mère. Nobles et militaires s'installèrent à leur suite, chacun selon son rang.

Un maître d'hôtel, s'avançant, ordonna au loup de prendre place parmi les serviteurs au bout de la table.

– À Dieu ne plaise, répondit Lupus, je ne suis pas un vulgaire loup !

– Fort bien, alors fais donc table avec les chevaliers.

– Cette place ne me convient pas davantage. Jusqu'à ce jour, c'est à la table royale que j'ai siégé.

– Que désires-tu alors ?

– Installe-moi à la table du roi, répondit Lupus avec assurance.

Apprenant cette requête, le roi dit simplement :

– Que le loup vienne ici !

Lupus se présenta aussitôt devant lui.

Riant dans sa barbe et prenant, pour plaisanter, un ton grave, le roi lui demanda :

– Jeune loup, notre fille te plaît-elle ?

Lupus leva la tête. Il posa son regard sur la demoiselle qui baissa les yeux en rougissant.

– Pourquoi ta fille ne me plairait-elle pas ? Son visage de lis s'accommode si bien avec le corail de sa bouche et les roses de ses joues... Sa chevelure de jais et son cou d'ivoire charment les regards, et je te confesse que sa taille est pleine de grâces. Oui, elle me plaît infiniment.

– Veux-tu être le convive de cette jeune fille ? proposa le roi en riant toujours.

– Ce me sera un grand honneur de manger avec la demoiselle !

– À ta guise, dit le roi. Prends place à ses côtés.

– Ô roi, je te rends grâces d'une si grande faveur.

Le loup s'assit alors aux côtés de la princesse. Durant tout le repas, il la servit fort galamment, rompant pour elle les pains et remplissant son verre. En un mot, le loup se montra d'une courtoisie parfaite. Le roi, quant à lui, fut charmé de la distinction naturelle du musicien. Bientôt, les chevaliers lui adressèrent un concert de louanges et toute la cour fit son éloge.

Il ne fallut que quelques jours pour que Lupus devienne le favori du roi. Mais, à force de fréquenter sa fille, un chagrin l'accabla en secret. Une peine qu'il ne pouvait confier à personne. Il songea donc à revenir au royaume de son père, car il lui était moins pénible là-bas d'être un loup.

Il se présenta un matin dans les appartements du roi et, la tête basse, commença en ces termes :

– Ô roi, je viens, hélas, vous dire adieu. Je pars rejoindre mon sol natal, si vous le permettez, et mettre ainsi terme aux souffrances de l'exil.

– Jamais je n'autoriserai ton départ, beau-fils, je me suis trop attaché à toi. N'es-tu pas satisfait des honneurs que tu reçois ici ? Parle franchement. Désires-tu de l'argent ? des richesses ? Je t'en donnerai à profusion. Désires-tu des vêtements de luxe ou des chevaux ? Tu les auras. Me demanderais-tu la moitié de mon royaume que tu l'obtiendrais aussitôt !

À ce discours, Lupus resta de marbre. Il n'osait confier au roi le lourd chagrin qui le minait. Mais comme le monarque insistait, il finit par lui répondre :

– Garde ton argent, tes richesses, tes chevaux et tes beaux vêtements. Garde également la moitié du royaume, je n'en ai nul besoin. C'est le trait de l'amour qui m'a frappé et j'endure mille tourments.

– Je vois, lui répondit lu roi. Aussi il ne me reste plus qu'une chose à t'offrir, c'est la main de ma fille.

Ainsi, tu deviendras mon gendre, aussi longtemps que tu t'en montreras digne.

– Ô grand roi ! Si ce que tu dis pouvait s'accomplir, la princesse deviendrait ma patrie, mon honneur, ma gloire et mon unique trésor ! Mais, hélas, je ne suis qu'un loup hideux et monstrueux, jamais elle ne m'acceptera comme époux.

– Je vais le lui demander, dit tranquillement le roi. Promets-moi seulement de rester si elle accepte.

Lupus donna sa parole et le roi convoqua sa fille pour l'interroger en privé.

– Ma fille, que pensez-vous de ce jeune Lupus, fils de roi ?

La jeune princesse, embarrassée, ne savait que répondre.

– Eh bien, commença la jeune fille, c'est un jeune musicien accompli et...

Les yeux du roi se plissèrent de malice.

– Mais c'est un loup !

– Oui, mon père, mais n'est-ce pas vous qui m'avez appris qu'il faut prendre chacun comme Dieu l'a fait ?

– Certes, mon enfant, certes, mais l'accepterais-tu comme époux ?

En entendant cette question, la jeune fille rougit violemment et regarda le sol, remplie de confusion. Oui, elle aimait Lupus en secret, ses qualités avaient atteint son cœur. Et peu lui importait qu'il fût un loup ou un homme !

Elle réfléchit un instant en silence à la réponse qu'il lui convenait de donner. Puis, rassemblant son courage, elle osa enfin dire :

– Qu'il en soit fait selon la volonté de mon père. Je dépends tout entière de vous. J'épouserai Lupus, si vous le désirez.

– Bien ! L'affaire est donc entendue.

Le roi, tout joyeux, fit alors venir le jeune musicien.

– Mon cher Lupus, je te donne la princesse ma fille pour épouse !

– Dieu soit loué ! dit le jeune loup. Elle deviendra mon unique trésor sur cette terre.

À cette nouvelle, la cour se réjouit et le roi décréta un jour de fête pour le royaume. La ville fut décorée de fleurs et de bannières, une foule de saltimbanques accourut pour jongler la tête en bas ou tenir en équilibre sur des cerceaux.

Et tandis que les convives mangeaient et que les

fêtards festoyaient, l'heure avançait et bientôt vint celle de la nuit de noces.

Le loup pénétra dans la chambre de sa bien-aimée et tous deux poussèrent le verrou. Enfin seuls ! Les jeunes gens se regardèrent, d'abord confus. Puis la princesse se pencha gracieusement et embrassa son époux sur le museau. Il se produisit alors une bien étrange métamorphose : la peau de loup tomba d'elle-même, Lupus se transforma en un jeune homme splendide qui la prit aussitôt dans ses bras.

Mais lorsque l'aurore aux doigts de rose eut effleuré le ciel, Lupus se réveilla : il était redevenu loup.

Au petit matin, le père, arrivant à la porte des époux, frappa vigoureusement :

– Holà, ton père est là, ma fille, ouvre-moi !

– Oh, que vous arrivez à point mon père, s'exclama-t-elle. Que je vous remercie de m'avoir procuré un tel époux !

– L'aimes-tu vraiment, ce mari ? demanda le roi, un peu incrédule.

– Dans le monde entier, il n'est homme que j'aime autant, à part vous !

Elle lui révéla alors que, sous son pelage de loup, se

cachait un être humain qui reprenait avec le jour son ancienne apparence.

Ne sachant que penser, que dire, et encore moins que faire, le roi appela son Premier ministre et tint conseil.

– Je ne vois, majesté, qu'une seule solution. Entrez sans bruit cette nuit dans la chambre où reposeront votre fille et son jeune époux. Emparez-vous de la peau de loup que vous jetterez au feu. Et quand elle sera entièrement consumée, Lupus sera bien obligé de conserver sa forme humaine jusqu'au jour de sa mort.

La nuit suivante, le roi pénétra donc dans la chambre, s'avança doucement et s'approcha du lit. Il contempla un instant les deux jeunes gens endormis au bras l'un de l'autre, qui souriaient dans leur sommeil. Son gendre était un bel homme aux traits fiers.

Le roi s'empara de la peau de loup et sortit sans que nul ne s'avise de rien. Il ordonna ensuite d'allumer un grand feu et la peau se changea en cendres.

Au matin, Lupus se réveilla homme. Il jeta les yeux autour de lui, mais ne vit plus sa peau de loup. Il n'osait encore se réjouir de la métamorphose lorsque le roi entra.

– Eh bien mon fils – car tu es bien mon fils maintenant – voici ton vœu le plus cher exaucé ! Je partagerai désormais avec toi mon royaume et, après mon trépas, tu l'auras tout entier.

– Grand merci, Sire, c'est trop d'honneur ! répondit Lupus, tout heureux d'être devenu un homme bien fait et séduisant.

Le royaume fut donc partagé en deux, une partie fut offerte au gendre, l'autre restant au vieux roi qui vécut encore quelques belles années en compagnie de ses enfants. Lupus succéda plus tard à son propre père, devenant ainsi le monarque des deux royaumes. Toute sa vie, il chérit tendrement sa femme et son beau-père, qui lui avaient permis de devenir lui-même.

VIII

La femme-louve

Il y avait autrefois, dans une province retirée, un fermier aussi riche que malfaisant : il traitait rudement ses domestiques, terrorisait les femmes et faisait pleurer les petits enfants. Il passait sa journée à cheval, à inspecter son domaine et n'hésitait pas à cravacher bergers, vachers et muletiers. Les pauvres avaient beau s'échiner, le maître trouvait toujours quelque chose à redire et n'était jamais à court d'insultes.

Un jour, un vieux berger qui menait les troupeaux aux champs perdit une brebis. Il la chercha partout, dans les prés et les champs, dans les bois, les clairières. En vain. Le soir venu, il rentra tête basse, n'osant imaginer la colère de son maître.

Justement, celui-ci l'attendait dans la cour de la ferme. Le berger, épuisé, ne prit pas même la peine de lui mentir :

– Une brebis s'est perdue, maître, et je n'ai pu la rattraper !

– Espèce de fainéant ! Si tu l'avais cherchée convenablement, tu l'aurais retrouvée ! rugit le maître.

Et, se précipitant sur le vieillard, il le roua de coups jusqu'à ce qu'il s'évanouisse.

Lorsque le berger reprit conscience, la nuit était tombée. Il se releva péniblement et, au lieu de rentrer se coucher, repartit en quête de sa brebis, tant il craignait une nouvelle colère du maître s'il ne la retrouvait pas avant l'aube.

Il chercha toute la nuit, battant les forêts, les buissons, les broussailles, descendant les pentes pour examiner le fond des vallons. En vain.

Lorsque l'aube leva un à un tous ses voiles, le vieux berger se rendit compte qu'il s'était égaré. Il avança un moment au hasard, jusqu'à ce qu'il entende un bruit, vers lequel il se dirigea. Et là, dans un fourré, il aperçut un loup énorme en train de dévorer la brebis qu'il cherchait. Pensant à ce qui l'attendait en rentrant, le vieux berger sentit la peur et la fatigue s'effacer et la colère le submerger. Il s'avança courageusement vers le loup, le bâton levé, prêt à l'abattre sur l'animal.

– Ne me tue pas ! dit doucement la bête. Pense à ton maître qui est un loup pour toi comme je suis loup pour cette brebis. En me tuant, tu te montrerais aussi cruel que lui.

Le berger suspendit son geste, frappé par la justesse de ces paroles, mais il se reprit bien vite, car son maître lui faisait horriblement peur.

– Mon maître m'a battu hier et il va me tuer aujourd'hui car je ne pourrai pas lui ramener sa brebis.

– Ne t'inquiète pas, je vais te donner un talisman, déclara le loup. Arrache trois poils de ma fourrure : un de mon dos, le deuxième de mon ventre, le troisième de ma tête. Lorsque tu seras en difficulté, tu placeras l'un de ces poils sur tes reins, le deuxième sur ton ventre, le dernier sur ta tête en prononçant les paroles magiques : *Loup tu étais, loup je deviens pour tisser le destin des hommes.* Tu deviendras alors un loup redoutable et tu ne craindras plus aucun homme en ce monde.

– Et pour reprendre ma forme humaine ? demanda le berger.

– Tu n'auras qu'à arracher les trois poils. Seul le feu pourra anéantir ce pouvoir que je te donne.

Et le loup disparut au loin tandis que le berger reprenait lentement ses esprits. Tout cela était bien trop extraordinaire pour un vieil homme comme lui. Il regarda les poils du loup au creux de sa main, mais n'osa s'en servir et rentra à la ferme, anxieux et angoissé.

Il avait raison d'avoir peur. Le voyant arriver les mains vides, le maître se sentit gagné par une effroyable colère. Il se rua sur le malheureux et le frappa tant qu'à la fin il l'abandonna sur la route, sanglant et inanimé.

Les domestiques emportèrent le corps du vieux berger jusqu'à la cabane où il habitait avec sa fille. Ils l'installèrent sur son grabat, le veillèrent un moment et partirent, le cœur lourd. Il restait au vieillard encore un souffle de vie, juste assez pour confier son secret à la jeune fille.

Approche, mon enfant, écoute-moi bien, j'ai peu de

temps. Voici trois poils que m'a confiés un loup. Places-en un sur tes reins, l'autre sur ton ventre et le troisième sur ta tête en prononçant ces mots : *Loup tu étais, loup je deviens pour tisser le destin des hommes.* Tu n'auras qu'à les arracher pour reprendre forme humaine, et seul le feu détruira leur pouvoir. Adieu, ma fille chérie, fais bon usage de ce pouvoir, venge-moi de notre maître !

Et le vieillard, à bout de forces, mourut.

La jeune fille ne pleura pas : la haine qui l'avait envahie la laissait sans larmes. Elle ensevelit son père du mieux qu'elle put et attendit la nuit. Au moment où le soleil basculait à l'horizon, elle plaça les poils de loup comme il lui avait indiqué et prononça la formule.

Aussitôt, ses bras, ses jambes, son ventre se couvrirent de fourrure. Son visage s'allongea et une queue touffue lui poussa. Lorsqu'elle vit son image reflétée par les parois du chaudron, elle fut épouvantée et lança un long hululement. Puis sa peur s'effaça, laissant place au désir de se venger. Elle bondit alors par la fenêtre de la chaumière et se dirigea vers la bergerie du maître.

Cette nuit-là, la louve s'en donna à cœur joie, égorgeant les moutons puis se sauvant bien vite, la gueule rougie. Au petit jour, elle regagna son gîte et s'endormit comme une masse sur le sol, devant la cheminée.

Chaque jour, le maître se montrait plus odieux et chaque soir, la jeune fille recommençait. Dès la nuit, une sorte d'ivresse la prenait. Le goût du sang. Commençait alors pour elle une vie étrange, pleine de rage et de haine. Ainsi égorgea-t-elle les chevaux et les vaches, les bœufs et les cochons du maître. Furieux, celui-ci eut beau poster des gardes autour de ses étables, la louve saisissait le moindre moment d'inattention pour se glisser dans l'ombre et aller accomplir sa sinistre besogne.

Le fermier crut devenir fou. Il maltraitait ses gens à longueur de journée et la nuit, tous devaient veiller sous la neige et le vent pour protéger les étables et les écuries. Ils eurent beau faire bonne garde, rien n'y fit. La louve frappait toujours, insatiable.

À bout de nerfs, de rage et d'impuissance, le maître fit venir son fils de la ville. C'était un jeune homme avisé qui renforça la garde et fit colmater toutes les brèches des étables et poulaillers, jusqu'à la moindre fissure.

La tâche de la louve devint ainsi plus difficile, jusqu'au soir où une balle, tirée par le jeune homme, l'atteignit à l'épaule. Aussitôt, le fils du fermier se lança à sa poursuite, il suffisait de suivre les taches de son sang sur la neige. Après plusieurs détours, la piste l'amena aux abords d'une chaumière et s'arrêta net.

Le jeune homme n'eut qu'à pousser la vieille porte et se trouva devant un bien étrange spectacle. Une jeune fille nue était allongée sur le sol et dormait d'un sommeil de plomb devant la cheminée. Fasciné par la beauté calme de son doux visage, par ses longs cheveux noirs, il s'approcha doucement, s'assit à son chevet et la veilla jusqu'à ce qu'elle se réveille. Et durant tout ce temps, la flèche de l'amour fit son chemin jusqu'au cœur du jeune homme qui, tout absorbé dans sa contemplation de la dormeuse, ne remarqua même pas les petites gouttes de sang rouge sur son épaule. En s'éveillant, la jeune fille vit ce beau jeune homme penché sur elle et sentit à son tour son cœur fondre. Ils se sourirent.

Perdue au milieu des neiges et de la forêt sauvage,

la chaumière devint, durant les jours qui suivirent, une île de lumière et d'amour.

Les deux jeunes gens vivaient l'un pour l'autre, le fils du fermier délaissant sa garde et la jeune fille oubliant sa promesse.

Mais une nuit qu'elle dormait auprès de son ami, elle revit son père en rêve qui lui disait : « Venge-moi, venge-moi, ma fille. » Alors, saisie de honte, de rage et de remords, elle prit les trois poils, se transforma en bête sauvage et s'enfonça dans la forêt. Il y eut un grand carnage, cette nuit-là, parmi les troupeaux du maître. Mais, dès le chant du coq, la belle était de nouveau endormie auprès de son amour, tendre et fragile comme une biche.

Devant l'étendue du désastre, le maître crut devenir fou de colère. Il tripla la garde aux alentours des enclos et posta son fils dans les écuries avec ordre de ne plus en bouger.

La nuit suivante, la louve parvint à s'y introduire par une lucarne mal fermée. Le jeune homme, armé d'un poignard, attendait, tapi dans l'ombre. Et il la vit enfin, dressée en face de lui, les yeux luisant dans l'obscurité. Une lutte farouche les opposa alors, un corps à corps étrange où l'animal prenait grand soin de ne pas blesser l'homme qui, lui, n'hésitait pas à l'attaquer. La louve finit par être touchée, mais les chevaux affolés par l'odeur du loup rompirent leurs liens et se ruèrent sur la porte, qui s'ouvrit. La louve en profita pour s'enfuir, traînant sous elle sa patte blessée.

Les traces de sang sur la neige conduisirent le jeune homme vers la chaumière où il trouva son amante, comme la première fois, roulée en boule, nue, devant les braises. Et profondément endormie. Sur sa cheville perlaient quelques gouttes de sang rouge.

Mille pensées se bousculèrent alors dans l'esprit troublé du jeune homme. Ainsi cette louve qu'il traquait sans merci était la bien-aimée qu'il chérissait de tout son cœur ! Maintenant qu'il avait découvert son secret, il lui fallait la protéger de tous, et principalement de son père.

Profitant du sommeil de la jeune fille, il courut à la ferme pour ordonner aux serviteurs d'abandonner leur garde. S'il leur arrivait de croiser la louve, ils ne devaient surtout pas la blesser. Lui-même était bien décidé à épier son amante et à ne pas la quitter des yeux. Il fut de retour auprès de sa belle bien avant son réveil et la veilla jusqu'au soir.

En apprenant les ordres donnés par son fils, le père furieux prit des mesures contraires et la terreur qu'il inspirait à tous fit qu'on lui obéit.

Le fermier posta tous les hommes valides autour de la propriété, après les avoir armés jusqu'aux dents. Dans la cour où elle s'était introduite pour attaquer l'étable, la louve se trouva cernée par une troupe menaçante. Le filet de mailles humaines se resserrait lentement autour d'elle lorsque le maître surgit de la maison, armé d'un pieu.

À cet instant, dans la chaumière, le jeune homme qui s'était laissé terrasser par le sommeil ouvrit les yeux et s'aperçut que la jeune fille n'était plus à ses côtés. Éperdu d'angoisse, il se mit à courir vers la ferme et l'atteignit au moment où le père furieux plongeait son arme dans le ventre de la louve, qui s'écroula sur le flanc. Alors, pris de folie, le jeune homme retira le pieu et le retourna contre le fermier, qu'il tua net. Devant les domestiques épouvantés, il se précipita sur le corps de la louve, la prit dans ses bras en murmurant des mots d'amour et l'emmena jusqu'à la chaumière. Lorsqu'il la déposa doucement devant le feu, elle ouvrit les yeux à demi :

– Arrache un poil de mon ventre, un poil de mes reins et un de ma tête et jette-les dans l'âtre ! murmura-t-elle.

Ainsi fit-il, et les poils crépitèrent dans une gerbe d'étincelles tandis que le corps de la louve redevenait celui de son aimée.

La blessure était peu profonde et la jeune fille se rétablit bientôt. Son ami l'épousa et hérita de la ferme de son père. Plus personne ne parla du fermier et encore moins de la louve. Quant au jeune couple, il vécut très heureux et plus jamais aucun des domestiques n'eut à se plaindre de son maître !

IX

LE CHEVALIER LOUP-GAROU

Un chevalier nommé Yvon avait autrefois hérité de son père un beau château et un vaste domaine. Il était bon et généreux avec ses paysans, si bien que tout le monde l'aimait. Sa courtoisie avait fait de lui le chevalier le plus distingué de la cour et le favori du roi. Un jour, il décida de prendre femme. Il venait de rencontrer une grande dame, belle mais hautaine. Tous deux étaient fort amoureux. Ce fut un beau mariage, auquel toute la cour assista.

Pourtant, à peine le prêtre les eut-il unis qu'Yvon disparut brusquement. Il avait quitté le château à la tombée du soir sans saluer quiconque ni prévenir personne, pas même sa jeune femme, qui passa sa nuit de noces à chercher son époux.

Pendant les trois jours que dura son absence, personne ne le vit ni le rencontra. Pourtant, nombreux étaient ceux qui battaient la contrée pour le retrouver.

Sa jeune épouse l'attendait au château, versant des larmes amères sur son mariage. Le troisième jour, à la nuit tombée, une petite silhouette s'approcha à pied des murailles. C'était messire Yvon, harassé et fourbu comme s'il avait abattu une forêt tout entière. La dame, furieuse d'avoir été abandonnée, le reçut avec une grande froideur. Elle lui demanda aussitôt des explications sur sa conduite.

Le chevalier s'assit lourdement devant le feu, prit sa tête entre ses mains, réfléchit un moment et lui dit :

– Autant vous avouer tout de suite mon secret. Vous finiriez, un jour ou l'autre, par le surprendre. Et puis, n'êtes-vous pas mon épouse ? N'avez-vous pas le droit de connaître l'étendue du malheur dont je suis accablé ? Je suis un loup-garou. Trois jours par semaine, un triste sort m'oblige à m'éloigner du château en secret.

Je cache mes vêtements sous une grosse pierre et je prends l'apparence d'un loup noir. Puis je cours les forêts, les campagnes et je dévore les moutons égarés.

Sa femme, abasourdie, demeura un instant silencieuse puis répondit :

– Vous riez-vous de moi ? Cette histoire est invraisemblable !

Yvon se leva, prit son épouse dans ses bras et lui dit gravement :

– Sachez, ma mie, que si quelqu'un me vole mes vêtements avant que je n'aie repris ma forme humaine, je resterai loup à tout jamais. Je vais vous révéler où je les cache pour vous prouver ma confiance et mon véritable amour. Ainsi aurez-vous tout pouvoir sur ma vie.

Yvon lui apprit alors sa cachette, sous un buisson près d'une croix de pierre, devant une chapelle abandonnée à deux lieues du château.

Sa femme l'écoutait, le visage impassible, droite et froide. Si ce qu'il disait était vrai, elle avait épousé un loup-garou ! Cet homme qui la regardait tendrement lui fit soudain horreur. Elle dissimula son dégoût et serra les dents en silence, mais son regard restait glacial.

Quelques jours passèrent, la dame attendait son

heure, toujours silencieuse et glacée. Quand vint le moment de la nouvelle métamorphose, à peine Yvon se fut-il dévêtu près de la croix de pierre, à peine se fut-il enfui vers la forêt, loup noir flairant les buissons et les herbes, que sa femme sortit de la cachette depuis laquelle elle avait assisté à la scène. Elle souleva la pierre, prit les vêtements sur son bras et revint au château en courant pour les jeter dans un placard, dont elle lança la clé dans l'étang. Elle était à jamais débarrassée de son odieux époux !

Au bout de trois jours écoulés, Yvon ne revint pas. Deux mois passèrent, pas de nouvelles. On pleura sa perte, la dame prit le deuil et simula le plus profond chagrin. L'année ne s'était pas terminée qu'elle s'était remariée et avait installé son nouveau mari dans le château de l'ancien, dont elle venait d'hériter.

Un jour, le roi, chassant dans la forêt, découvrit les traces d'un loup de grande taille. Il lança ses chiens sur la piste et tous les chevaliers se précipitèrent à sa suite. Le loup fut finalement cerné dans une clairière. Bêtes et gens s'approchèrent, redoutant un combat sanglant et acharné. Mais l'animal superbe au pelage noir se coucha dans l'herbe, sur le flanc, comme s'il désirait mourir. Intrigué et ému par la détresse qu'il lisait dans son regard, le roi retint ses chiens. Alors le loup s'avança lentement vers lui, se dressa sur ses pattes de derrière et lui lécha les mains en poussant de petits gémissements, comme s'il voulait parler. Le roi descendit de cheval et s'enhardit à le caresser. La bête se coucha à ses pieds en signe de soumission. Touché par la douceur du loup, le roi décida de le ramener au palais, au grand émerveillement de toute la cour qui criait au miracle.

Le loup vécut ainsi quelque temps à la cour, comme un chien de compagnie. Son intelligence et sa bonté impressionnaient tout le monde. On lui confiait même des enfants à garder, il jouait avec eux, patient comme une nourrice. Bref, il sut se faire apprécier de chacun et bientôt, dans tout le royaume, courut le bruit de ce loup que le roi avait miraculeusement apprivoisé d'un seul regard, et qu'il ne quittait plus.

Or, le jour de la Saint-Martin, le roi donna une grande fête dans son palais. À cette réception étaient invités tous les nobles du pays. La femme d'Yvon était du nombre, avec son nouvel époux. Elle arriva fort tôt, pour faire le tour de la grande salle, son mari à son bras. Chacun put alors admirer sa beauté et sa grâce, son faste et ses bijoux de prix. Ce fut un moment de pure joie pour l'orgueilleuse dame, qui se savait enviée de tous. Jusqu'à ce qu'arrive le roi, le loup sur ses talons.

Du plus loin qu'il la vit, l'animal gronda sourdement, ses babines retroussées sur ses crocs redoutables. Toute la cour s'étonna et le roi en premier. Jamais son compagnon ne s'était conduit ainsi ! Lorsque la femme d'Yvon vint s'incliner devant son souverain, le loup poussa un long hurlement de colère. Aussitôt, le sourire gracieux de la dame se tordit en grimace de terreur. Elle pâlit brusquement. Elle venait de reconnaître ce fauve au pelage noir qui la regardait fixement. Elle murmura alors, tremblante, les mains devant sa bouche :

– Yvon !

La suite se déroula si vite que nul ne put intervenir. Le loup bondit sur elle ; d'un coup de dent, il lui arracha le nez. Elle tomba lourdement, le visage en sang, sur le sol. Dans la confusion qui suivit, le roi la prit dans ses bras, l'emporta dans une chambre et s'enferma avec elle pour lui parler en privé. Dès qu'elle eut repris ses esprits, il l'interrogea :

– Pourquoi avez-vous prononcé le nom de votre mari disparu ?

Émue et bouleversée, la dame finit par tout avouer. Elle raconta au roi l'étrange malheur d'Yvon et les vêtements qu'elle lui avait confisqués parce qu'elle ne voulait plus jamais le revoir.

Le roi se mit alors dans une affreuse colère. La femme défigurée fut exilée, les vêtements d'Yvon lui furent rendus, tout comme son château et ses terres.

Yvon put ainsi reprendre son apparence humaine et sa vie de chevalier – mais de chevalier loup-garou, qui disparaissait à heure dite pour réapparaître trois jours plus tard.

De peur qu'un chasseur ne le prive de son chevalier favori, le roi fit proclamer dans tout le royaume que, durant toute la vie d'Yvon, il était interdit de tuer le moindre loup.

Par la suite, le monarque présenta souvent au chevalier des jeunes filles sages et belles, mais il les regarda à peine, car toutes lui rappelaient la trahison de l'infidèle. Il ne voulut jamais se remarier.

X

LOUP-BLANC ET LE TRAPPEUR

DANS LA PROFONDE FORÊT du Canada vivait un jeune trappeur qu'on appelait Jean-le-Bon, en raison de son grand cœur.

Il habitait depuis l'enfance dans un petit village qu'il quittait aux premiers beaux jours pour s'enfoncer dans l'épaisseur des bois, ne revenant à son logis qu'à l'entrée de l'hiver.

Cette année-là, la chasse avait été particulièrement bonne, mais la saison avançait, les neiges et le froid menaçaient d'ensevelir la nature. Jean devait se presser de regagner le village, après avoir relevé ses derniers pièges.

Il progressait depuis l'aube dans l'épaisseur des bois lorsqu'il perçut soudain un bruit inhabituel. Il s'arrêta pour écouter. Les trappeurs ont l'oreille fine et Jean connaissait tous les craquements infimes, les frôlements, les cris, les bruissements de feuilles de la forêt sauvage. Mais cette fois, on aurait dit une plainte.

Doucement, le trappeur s'approcha de la rivière. Sur ses berges s'entremêlaient des débris d'arbres et des branchages sur lesquels se découpait une tache bien blanche.

Avançant sans bruit, il découvrit un grand loup blanc étendu par terre. Un animal superbe, dont la fourrure de neige était tachée de sang. Il semblait sérieusement blessé, sans doute avait-il croisé un chasseur.

Le jeune trappeur hésita un moment : il pouvait tirer une petite fortune de cette fourrure, mais l'idée d'achever l'animal le révoltait. De plus, il connaissait la réputation du loup blanc : on racontait à la veillée des histoires merveilleuses à son sujet. On disait qu'il était le chef incontesté d'une meute nombreuse, qu'il avait tenu tête, à lui seul, à un ours énorme. On prétendait aussi qu'un jour où la forêt brûlait, Loup-Blanc avait conduit sa meute en sécurité, loin des flammes. Et voilà qu'il était blessé, peut-être même mourant ?

Jean-le-Bon se sentit pris de compassion pour le bel animal, dont le sort reposait à présent entre ses mains. Après avoir réfléchi un moment, il se mit au travail. Il fabriqua un brancard pour pouvoir transporter la bête jusqu'à sa cabane. Il l'installa auprès du feu, alla chercher de l'eau à la source pour laver ses blessures. Il dut extraire deux balles enfoncées sous la peau, ce qu'il fit avec toute la délicatesse dont il était capable. Puis il alla lui cueillir des plantes qui guérissent. Pendant sept jours et sept nuits, Jean prit soin du blessé avec beaucoup de dévouement, sans plus penser à l'hiver qui approchait à grands pas.

À l'aube du huitième jour, le loup blanc ouvrit les yeux, se leva sur ses pattes, d'abord maladroitement, puis avec plus d'assurance. Il avait récupéré ses forces grâce aux bons soins de Jean qui, lui, dormait encore. Le loup se glissa par la porte et eut tôt fait de disparaître dans les brumes du petit matin.

À son réveil, constatant le départ de la bête, Jean se félicita : « Il a repris sa liberté, c'est qu'il va mieux et c'est très bien ainsi ! »

Il n'avait plus une minute à perdre. Il lui fallait sortir de la forêt avant que la neige et le froid ne l'empêchent de rentrer au village. Sans tarder, Jean chargea son traîneau, ferma la cabane et se mit en chemin. Le froid était déjà perçant. La première neige tombait, ourlant de blanc les branches des arbres.

Jean marcha plusieurs heures. Le vent s'était levé. Des amas de neige couvraient à présent le sentier. L'homme chaussa ses raquettes, mais il avait le plus grand mal à avancer tant la poudreuse qui sifflait et tourbillonnait autour de lui l'aveuglait. Finalement, il dut s'arrêter et se mettre à l'abri pour la nuit.

Au lever du jour, tout était blanc. La forêt déployait sa féerie immaculée. Le jeune trappeur enfila de nouveau ses raquettes. Il tirait derrière lui son traîneau rempli de ballots de fourrures en calculant pour lui-même la somme que leur vente allait lui rapporter. Il marcha vaillamment durant des heures et des heures, luttant contre la fatigue et le froid.

« Ah ! si je n'étais pas parti du campement si

tard ! » songeait-il. Mais il ne regrettait pas d'avoir soigné le superbe animal.

Pas après pas, Jean continua sa route, transi et harassé. Enfin, à bout de forces, il abandonna derrière lui son traîneau et ses ballots de fourrures. Il fit encore quelques pas chancelants avant de tomber dans la neige, qui le recouvrit aussitôt de son manteau glacé. Bientôt, Jean allait s'endormir de son dernier sommeil...

Il se réveilla pourtant. Se frottant les yeux, il s'aperçut qu'il était assis sur son traîneau qui filait sans bruit dans la nuit tandis que le vent glacé fouettait son visage. Lorsqu'il eut repris ses esprits, quelle ne fut pas sa surprise de voir son attelage tiré par des loups gris. Et celui qui menait la course n'était autre que le loup blanc.

Le train de l'attelage était si rapide que, quelques heures plus tard, Jean arriva sain et sauf au village. Loup-Blanc arrêta le traîneau devant la petite maison du trappeur. Il poussa un long hurlement et, avant que le jeune homme eût pu faire un geste, se défit de ses liens et disparut dans la forêt. Quelques loups gris le suivirent. D'autres restèrent.

Inutile de vous dire quel fut le soulagement de Jean en rentrant enfin chez lui ! Il donna à manger aux loups gris qui étaient restés avec lui. Bien vite, il les apprivoisa et prit l'habitude de les atteler régulièrement. C'est ainsi que, grâce au loup blanc, naquirent les premiers chiens de traîneau.

XI

BORIS ET LE LOUP GRIS

EN UN CERTAIN royaume perdu au cœur des immenses plaines de Russie vivait le tsar Bérendeï. Tout souriait à ce roi : il avait trois beaux fils, un royaume prospère et un magnifique domaine sur lequel poussait un pommier couvert de pommes d'or. Pourtant, le tsar était bien en peine : depuis quelque temps, on pénétrait la nuit dans son jardin pour y dérober les pommes merveilleuses. Le monarque posta des gardes tout autour de l'enclos, mais aucun ne parvint à surprendre le voleur.

Contrarié, le tsar cessa de manger et de boire tant il était affecté par ce vol.

Ses fils tentèrent de le consoler :

– Cher père, ne soyez pas si triste, nous monterons nous-mêmes la garde dans le jardin.

Dimitri ajouta :

– Ce soir, c'est mon tour car je suis l'aîné, votre voleur n'a qu'à bien se tenir !

Mais il eut beau arpenter le jardin toute la soirée, il ne surprit personne. Tombant de sommeil, il s'assit au pied du pommier et s'endormit. La nuit passa sans qu'il puisse voir celui qui venait dérober les pommes d'or.

Au matin, plusieurs fruits avaient disparu et le tsar lui demanda :

– Eh bien, dis-moi vite : as-tu surpris mon voleur ?

Le fils aîné préféra mentir et déclara :

– Non, mon cher père, je n'ai pas fermé l'œil de la nuit, mais je n'ai vu personne. Ce doit être un fantôme !

La nuit suivante, ce fut au fils cadet, Vassili, de monter la garde. Lui aussi s'endormit et, au matin, il déclara comme son frère qu'il n'avait pu surprendre le voleur. Pourtant, durant la nuit, une nouvelle branche avait été dépouillée de ses fruits.

Le benjamin, Boris, partit alors monter la garde. Il était résolu à ne pas s'asseoir de la nuit, encore moins à s'allonger. Quand le sommeil le gagnait, il frottait son visage avec de la rosée pour se réveiller. La moitié de la nuit s'était déjà écoulée quand il eut l'impression que le jardin était baigné de lumière. Une clarté de plus en plus intense. Bientôt, on y vit comme en plein jour. C'est alors que Boris vit l'Oiseau de feu, posé sur le pommier, en train de se régaler des pommes d'or à grands coups de bec voraces. Il tenait enfin son voleur ! Boris s'approcha doucement et le saisit par la queue. L'oiseau sursauta et prit son envol, ne lui laissant qu'une plume d'or entre les doigts.

Au matin, le jeune homme alla trouver son père.

– Eh bien, Boris, as-tu surpris mon voleur ?

Je n'ai pas réussi à l'attraper, mais j'ai pu voir celui qui vous cause tant de soucis. C'est l'Oiseau de feu, père. Il a même laissé ceci derrière lui.

Boris ouvrit la main et le tsar prit la plume, si lumineuse qu'elle pouvait éclairer la chambre la plus noire mieux que ne l'eussent fait une multitude de bougies. Oubliant son chagrin, le roi la fit installer dans son cabinet particulier et se remit à boire et à manger. Jusqu'au jour où il se sentit dévoré par le désir de posséder l'Oiseau de feu. Il ne trouvait plus le sommeil et perdait l'appétit. Il fit alors venir ses fils et leur ordonna :

– Mes enfants, sellez votre meilleur cheval, parcourez la plaine, le vaste monde, toute la Terre s'il le faut. À celui qui me rapportera l'Oiseau de feu, je donnerai sur-le-champ la moitié de mon royaume et l'autre moitié à ma mort.

Saluant leur père, les trois fils se mirent en route, chacun dans une direction différente.

Boris chevaucha longtemps vers le nord. Soudain, à la croisée des chemins, il aperçut une large pierre sur laquelle on avait gravé : « Celui qui ira tout droit aura froid et faim ; celui qui ira à droite sera sain et sauf, mais son cheval mourra ; celui qui ira à gauche mourra, mais son cheval sera sain et sauf. » Le jeune homme choisit de prendre à droite.

Au bout d'un moment, comme il se sentait fatigué, il mit pied à terre, attacha son cheval à un arbre et sombra dans un profond sommeil. Quand il se réveilla, il vit qu'il ne restait de sa monture que la carcasse et quelques os ! Le jeune homme était effondré : comment poursuivre à pied un si long et si périlleux voyage ? « Tant pis, pensa-t-il, continuons ! J'ai donné ma parole à mon père. » Et il reprit courageusement sa route.

Boris marcha, marcha encore. À la fin de la journée, il était épuisé. Il s'assit au bord du chemin et se laissait aller à la tristesse, quand, soudain, surgi de nulle part, un loup gris accourut vers lui :

– Eh bien jeune seigneur, que fais-tu là à te lamenter, la tête basse ?

– Pourquoi ne me lamenterais-je pas, loup gris ? Me voici privé de mon fidèle cheval !

– C'est moi qui l'ai mangé. Et je le regrette car, maintenant, j'ai pitié de te voir t'épuiser à faire la route à pied. Mais, dis-moi, qui es-tu et que fais-tu là ?

– Mon père, le tsar Bérendeï, m'a envoyé parcourir le vaste monde pour trouver l'Oiseau de feu.

– Ah çà ! Même en chevauchant pendant des années, tu n'y parviendrais pas ! Je suis un des rares à savoir où trouver cet oiseau fabuleux. Eh bien, voilà ce que je te propose : puisque c'est moi qui t'ai privé de ton cheval, je serai maintenant ton fidèle serviteur. Assieds-toi sur mon dos et tiens-toi bien.

Boris enfourcha le loup gris qui partit au galop. Les plaines et les forêts bleues défilaient devant ses yeux, les marais infranchissables disparaissaient à l'horizon. Ils finirent par arriver devant une imposante forteresse. Le loup gris prit la parole :

– Écoute-moi bien, Boris, et souviens-toi de mes conseils. Tu vas devoir escalader le mur, mais n'aie crainte : c'est l'heure où tous les gardes dorment. Tu grimperas jusqu'à une petite fenêtre. Une cage dorée y est posée, et dans cette cage se tient l'Oiseau de feu. Prends l'oiseau, serre-le contre toi et reviens vite, mais surtout garde-toi de toucher à la cage !

Boris escalada le mur, aperçut la cage dorée posée sur le rebord de la fenêtre et l'Oiseau de feu à l'intérieur. Il étendait déjà la main pour attraper l'oiseau lorsque son regard revint sur la cage. Son cœur s'enflamma aussitôt : « Ah ! La belle cage tout en or sertie de pierres précieuses ! Comment pourrais-je laisser un tel trésor derrière moi ? » Et il oublia d'un coup tout ce que le loup lui avait recommandé.

À peine eut-il effleuré les barreaux qu'un immense vacarme retentit. Les gardes se réveillèrent, s'emparèrent du jeune homme et le menèrent devant le tsar Afron. Très irrité, Afron lui demanda :

– Qui est ton père et d'où viens-tu ?

– Je suis Boris, le fils du tsar Bérendeï.

– Quelle honte ! Un fils de tsar qui vole ! Je devrais te mettre en prison jusqu'à la fin de tes jours ! Mais, par respect pour ton père, je te pardonne si tu me rends un service. Le tsar Kousman possède un merveilleux cheval à la crinière d'or. Si tu peux le convaincre de me donner ce cheval, tu recevras en échange l'Oiseau de feu et sa cage d'or.

Boris était bien abattu quand il retrouva le loup gris.

– Je t'avais pourtant recommandé de ne pas toucher à la cage ! Pourquoi ne m'as-tu pas écouté ?

– Pardon, loup gris, je te demande bien pardon.

– Bon, bon, je te pardonne. Allez, assieds-toi sur moi. Quand on a commencé quelque chose, il faut aller jusqu'au bout.

Le loup gris se mit au galop, Boris sur son dos. Les plaines et les forêts bleues défilèrent devant leurs yeux et les marais infranchissables disparurent à l'horizon. C'est en pleine nuit qu'ils arrivèrent dans le royaume du tsar Kousman.

Devant l'écurie royale bâtie de pierres blanches, le loup fit ses recommandations à Boris :

– Grimpe sur le mur. Tous les palefreniers dorment. Va dans l'écurie, emmène le cheval, mais prends bien garde à ne pas toucher la bride qui est accrochée au mur !

Boris s'introduisit doucement dans l'écurie et s'empara sans peine du cheval fabuleux. Mais quand il vit la bride tressée d'or et de perles, il ne put résister au désir de la prendre.

À peine l'avait-il effleurée qu'un horrible vacarme retentit. Les gardes, aussitôt réveillés, s'emparèrent de Boris et le menèrent devant le tsar Kousman.

– Qui est ton père et d'où viens-tu ?

– Je suis Boris, fils du tsar Bérendeï.

– Voler des chevaux ! Est-ce une conduite de fils de tsar ? À vrai dire, un tel vol mériterait la corde. Mais je consens à te pardonner si tu me rends un service. Le tsar Dalmate a pour fille Natacha-la-Belle qu'il refuse de me donner en mariage. Ramène-la-moi, et, en échange, je t'offrirai le cheval à la crinière d'or, ainsi que sa bride.

Boris était encore plus accablé quand il revint vers son compagnon.

– Je t'avais pourtant prévenu, Boris ! Une fois de plus, tu n'as pas suivi mon conseil !

– Pardon, loup gris, je te demande mille fois pardon !

– Bon, bon, je te pardonne... Allez, assieds-toi sur mon dos.

Et le loup gris repartit au galop. Les plaines et les forêts bleues défilaient, les marais infranchissables disparaissaient à l'horizon. Ils arrivèrent à l'aube au château du tsar Dalmate et virent le jardin où Natacha-la-Belle avait l'habitude de se promener en compagnie de ses suivantes.

Le loup gris dit :

– Cette fois-ci, c'est moi qui vais y aller. Toi, prends le chemin du retour, je te rattraperai bientôt.

Boris fit demi-tour, tandis que le loup gris bondissait de l'autre côté du mur. Une fois dans le jardin, il se cacha derrière un buisson et attendit. Dès que la jeune fille se fut un peu éloignée de ses femmes, le loup gris s'empara d'elle, la jeta sur son dos et s'enfuit.

L'animal courut rejoindre Boris, qui fut tout émerveillé à la vue de Natacha-la-Belle. Si émerveillé, d'ailleurs, qu'au premier regard, il en tomba éperdument amoureux. Mais le loup gris ordonna :

– Dépêche-toi de grimper sur mon dos ; je crains qu'on ne nous poursuive.

Le loup bondissait donc à travers la campagne avec Boris et Natacha. Les plaines, les forêts bleues et les étangs infranchissables disparaissaient à l'horizon, mais les deux jeunes gens n'y prenaient pas garde. Souvent, la jeune princesse jetait des coups d'œil à Boris, qu'elle trouvait à son goût. Boris lui répondait par un sourire. Et les jeunes gens se serraient un peu plus l'un contre l'autre, sur l'échine du loup. Tous trois arrivèrent enfin chez le tsar Kousman. À l'idée d'abandonner la jeune fille entre les mains du tsar, Boris fut si affligé que les larmes ruisselèrent sur ses joues.

– Que se passe-t-il, Boris ?

– Le chagrin m'accable, loup gris, je ne veux pas être séparé de Natacha-la-Belle et encore moins l'échanger contre un cheval, même à la crinière d'or !

Le loup gris répondit :

– Rassure-toi, vous ne serez pas séparés. Fie-toi à moi : nous allons mettre ta bien-aimée en lieu sûr pendant que je me transformerai en Natacha-la-Belle.

Au cœur de la forêt, Boris et le loup gris cachèrent la jeune fille dans la cabane d'un charbonnier. Puis, dans une pirouette, ce dernier se transforma trait pour trait en Natacha. Boris le mena auprès du tsar Kousman, qui les accueillit avec joie :

– Merci à toi, Boris, de m'avoir amené ma fiancée. Reçois en cadeau le cheval à la crinière d'or ainsi que sa bride.

Aussitôt, le jeune homme enfourcha le cheval et partit chercher la vraie Natacha. Il l'assit devant lui sur sa monture, qu'il lança au galop. De son côté, le tsar Kousman avait organisé une noce magnifique. On festoya tout le jour jusqu'au soir, et quand vint l'heure de se coucher, le tsar conduisit Natacha-la-Belle dans sa chambre ; mais, horreur ! lorsqu'il s'allongea près d'elle, il vit la gueule d'un loup qui s'ouvrait démesurément !

Le tsar terrifié roula hors du lit.

Le loup gris, lui, avait déjà pris la fuite pour

rejoindre Boris et sa bien-aimée. Tandis qu'ils cheminaient côte à côte, il demanda au jeune homme :

– À quoi songes-tu, Boris ?

– Hélas, loup gris ! J'ai de la peine à l'idée de me séparer de ce merveilleux cheval à la crinière d'or et de l'échanger contre l'Oiseau de feu.

– Ne sois pas triste, je vais t'aider.

Comme ils arrivaient devant le château du tsar Afron, le loup proposa à Boris :

– Cache le cheval et la jeune fille. Je me charge du reste.

Ainsi fut fait, le loup fit une pirouette sur lui-même et se transforma en cheval à la crinière d'or. Boris le conduisit devant le tsar Afron. Ce dernier, ravi, lui donna en échange l'Oiseau de feu dans sa somptueuse cage d'or.

Boris s'en retourna à pied dans la forêt, fit asseoir Natacha-la-Belle sur le véritable cheval à la crinière d'or, saisit la cage dorée avec l'Oiseau de feu et prit le chemin du retour.

Pendant ce temps, le tsar Afron se faisait une joie d'enfourcher enfin la monture de ses rêves. Mais lorsqu'il fut en selle, que vit-il à la place du cheval ?

Un loup gris ! Il en fut si effrayé qu'il tomba à la renverse. L'animal, lui, avait déjà pris la fuite et rejoint Boris. Ils se remirent bientôt en route et finirent par atteindre l'endroit où le loup gris avait dévoré le cheval de Boris.

– À présent, au revoir, dit le loup gris. C'est ici que nos chemins se séparent.

Boris, plein de tristesse à l'idée de quitter son compagnon, sauta de sa selle, s'inclina jusqu'à terre pour lui montrer son respect. Le loup lui déclara, avant de disparaître :

– Ne me dis pas adieu pour toujours, il se peut que tu aies de nouveau besoin de moi.

Boris remonta sur son cheval à la crinière dorée, reprit sa route avec Natacha-la-Belle et l'Oiseau de feu dans sa cage. Le jeune homme songeait : « Comment pourrais-je avoir besoin du loup gris, à présent que tous mes vœux sont exaucés ? »

Quand les jeunes gens furent fatigués, ils s'arrêtèrent pour se désaltérer à une source et s'allongèrent un instant sur l'herbe pour se reposer. À peine s'étaient-ils endormis que les frères de Boris, Dimitri et Vassili, vinrent à passer. Après avoir traversé maints pays, ils revenaient dans leur patrie les mains vides. Avisant, près du couple endormi, la cage et le cheval, les deux jaloux n'en crurent pas leurs yeux.

– Notre jeune frère a vraiment toutes les chances ! s'exclama le premier.

– Nous n'avons qu'à le tuer et garder pour nous l'Oiseau de feu, la fille et le cheval, proposa le second.

Et, sans plus hésiter, les mauvais frères tuèrent Boris. Puis ils enfourchèrent leur nouvelle monture, prirent l'oiseau et installèrent Natacha en larmes sur un autre cheval, la menaçant de mort si elle racontait quoi que ce fût au palais.

Boris gisait à terre et, déjà, les corbeaux tournoyaient autour de son corps. Soudain surgit un loup gris, qui attrapa au vol un corbeau et son petit.

– Va, corbeau, vole chercher l'eau de vie et l'eau de mort. Si tu me les rapportes, je relâcherai ton petit.

– Je le ferai, répondit le corbeau, parce que je n'ai pas le choix, mais ne t'avise pas de toucher une seule plume de mon petit !

L'oiseau s'élança à tire-d'aile. Quelques heures plus tard, il rapportait deux flacons remplis l'un d'eau de vie et l'autre d'eau de mort. Après avoir relâché le jeune corbeau, le loup gris arrosa les blessures de Boris d'eau de mort, et les blessures se refermèrent. Il aspergea son corps d'eau de vie et le jeune homme revint à lui.

– Ah ! Comme j'ai bien dormi !

– Tu as dormi si profondément que, si je n'avais pas été là, jamais tu ne te serais réveillé ! Figure-toi que tes propres frères t'ont tué pour garder l'Oiseau de feu, la princesse et le cheval. Il n'y a pas un moment à perdre. Grimpe sur mon dos !

Ils s'élancèrent à la poursuite des deux frères. Le loup gris eut vite fait de les rattraper, de les mettre en pièces et de disperser leurs morceaux à travers champs.

Cette fois, Boris fit vraiment ses adieux au loup gris, après l'avoir respectueusement remercié. Puis il rentra chez lui sur son cheval à la crinière d'or et fit présent à son père de l'Oiseau de feu.

Le tsar Bérendeï, tout heureux de voir son désir exaucé, interrogea son fils qui lui raconta comment le loup gris l'avait aidé, comment ses frères l'avaient tué et comment eux-mêmes avaient été mis en pièces et dispersés à travers champs.

Le tsar en fut peiné, mais il se consola à la vue de la jeune fille dont la beauté allait ensoleiller ses vieux jours. Les jeunes gens se marièrent au plus vite et héritèrent de la moitié du royaume. Lorsque le tsar leur père eut fermé les yeux à jamais, ils régnèrent sur tout le pays.

XII

LES CILS DU LOUP

DANS UN PETIT VILLAGE JAPONAIS vivait autrefois un riche forgeron. Il avait pour fille unique la belle Myoki. L'épouse du forgeron étant décédée peu après la naissance de la petite fille, l'homme avait repris femme, car il avait besoin de quelqu'un pour tenir le ménage. Mais son choix n'avait pas été heureux : la marâtre était avare et méchante ; c'était un être sévère que rien ne pouvait réjouir et qui trouvait toujours à redire à tout. Elle en voulait tout particulièrement à Myoki qu'elle enviait car, malgré les humiliations et les mauvais traitements qu'elle lui infligeait, la jeune fille restait joyeuse et souriante. Il faut dire que l'enfant était née l'année du loup, et que ce génie bienfaisant veillait sur sa destinée.

Au fur et à mesure que Myoki grandissait, la marâtre l'accablait de tâches de plus en plus pénibles, de sorte qu'elle fut bientôt la seule à s'occuper de la maison. Elle rangeait, nettoyait, frottait, secouait les nattes, lavait les kimonos, balayait, briquait, lessivait du matin jusqu'au soir. La marâtre, quant à elle, passait la journée à donner des ordres et, le soir venu, elle se plaignait auprès du père, prétendant que Myoki n'avait pas fait ceci ou mal fait cela. Tout alla de mal en pis, si bien qu'un beau jour, à la veille du nouvel an, le père entra dans une violente colère et chassa la jeune fille de la maison.

Seule et désespérée, Myoki parcourait tristement les rues du village. Partout, on préparait la fête et personne ne la remarqua ni ne se douta de ce qui était arrivé à la fille du forgeron, d'ordinaire si joyeuse. Alors, la jeune fille suivit la route et marcha, marcha, jusqu'au hameau voisin. Lorsqu'elle y parvint, il était tard, elle avait faim et froid. Elle aurait voulu trouver du travail et un lit, mais, où qu'elle frappât, on lui refermait froidement la porte au nez.

Elle finit par se rendre à l'auberge, où elle demanda un peu de thé chaud.

– Il ne manquerait plus que cela, que je nourrisse tous les pauvres de la région ! Si tu ne sais pas quoi faire de tes dix doigts, va au diable, il n'y a pas de place pour toi ici !

L'aubergiste criait si fort que ses clients sortirent pour se moquer de la pauvre jeune fille.

Myoki se mit à pleurer. La faim et le froid étaient terribles, mais rien ne la blessait tant que cette humiliation. Le visage rouge de honte, elle partit en courant sous les rires et les railleries.

Elle ne s'arrêta qu'à l'orée des bois. La neige tombait désormais, et Myoki ne savait ni où elle se trouvait ni où elle irait. Désespérée, elle songea : « Ce monde ne me réserve rien de bon. Plutôt que de mourir de faim ou de froid quelque part sur la route, je préfère en terminer moi-même avec la vie. Je vais entrer dans cette forêt et me laisser dévorer par les loups ! »

Elle quitta donc le chemin et pénétra dans l'épaisse nuit des arbres.

« Dans les montagnes, il y a beaucoup de loups et, en hiver, ils sont affamés. Ils ne tarderont certainement pas, j'en finirai avec ma peine », pensait-elle tout en marchant.

Elle arriva dans une clairière, s'assit sur une grosse pierre et attendit. Petit à petit, le crépuscule tombait, la neige s'épaississait, un grand silence enveloppait la forêt. Myoki se résolut à appeler :

– Loup, cher loup, viens donc et dévore-moi, je ne désire plus vivre !

Soudain, les branches craquèrent, les ramures s'écartèrent et surgit un énorme loup noir aux yeux jaunes.

Myoki se tut, pétrifiée de peur. Puis elle se souvint de toutes les humiliations que les hommes lui avaient infligées et des injustices qu'elle avait subies. Elle se rappela qu'elle n'avait d'autre choix que de mourir de faim au cœur des bois, et resta ferme dans sa résolution.

D'une voix assurée, elle dit à l'animal :

– Mange-moi, loup ! Le monde ne peut plus rien m'offrir de bon !

Le loup jeta un regard insistant à Myoki. Puis il s'assit sur ses pattes arrière et, d'une voix douce, tout à fait inattendue pour une bête si terrible, il prononça ces mots :

– Non, je ne te mangerai pas. Je respecte trop les vrais hommes, les êtres humains justes et bons. Et tu es de ceux-là, Myoki ! Tout ton malheur vient de ta naïveté : tu fais confiance à tout le monde et tu es incapable de distinguer les bons des méchants. Sur ce point, je peux te venir en aide !

Le loup s'arracha doucement deux cils et les tendit à la jeune fille.

– Lorsque tu voudras savoir quelle est la personne qui se tient devant toi, place ces deux cils devant tes yeux et regarde bien. Aussitôt, tu sauras à qui tu as affaire. Crois-moi, ne te confie plus à personne sans un examen minutieux à travers les cils. Pour moi, je vais veiller sur toi, je t'accompagnerai tout au long de ta route. Même si tu ne me vois pas, je serai là.

Myoki, toute surprise, remercia le loup et poursuivit son chemin. Cette rencontre l'avait tellement impressionnée qu'elle en avait oublié la faim et le froid. Bientôt, elle sortit de la forêt et, à force de marcher, arriva jusqu'à une grande ville.

La jeune fille s'assit au carrefour ; autour d'elle, il y avait foule. Des gens passaient en portant des corbeilles ou des fagots de bois sur leur dos ; d'autres conduisaient des chevaux au marché, d'autres encore rentraient avec leurs provisions. Il y avait un grand nombre de femmes aux belles toilettes et d'hommes aux mines dignes. Tous paraissaient comme il faut et honnêtes. Comment ne pas leur faire confiance ?

Myoki se souvint du conseil du loup. Elle mit les cils devant ses yeux et observa le va-et-vient des passants. Quelle ne fut pas sa surprise en constatant la transformation qui s'était opérée parmi ces citadins aux airs irréprochables ! Ainsi, cette femme riche et fière qui, vêtue de soieries, se promenait avec sa gouvernante entourée de servantes : le kimono était maintenant surmonté d'une tête de coq. La gouvernante avait une tête de poisson et les servantes s'étaient transformées en souris et en poules. De même, ce fonctionnaire avec sa suite : du col raide du kimono de cérémonie sortait une tête de cochon. Dans une rue voisine, un marchand s'approcha du carrefour ; il était affublé d'un museau de renard et ses yeux guettaient et furetaient de tous côtés. Myoki eut beau regarder autour d'elle, partout elle ne voyait que des têtes d'animaux surmontant des corps vêtus de soie, de coton ou de pauvres haillons rapiécés. Nulle part un visage humain !

Alors Myoki se sentit accablée de tristesse. Est-ce donc ainsi que va le monde ? se demanda-t-elle. N'existe-t-il donc pas, dans toute la ville, un seul être humain véritable ?

Elle était sur le point de pleurer lorsqu'elle vit l'ombre du grand loup noir se profiler dans une ruelle étroite, bientôt suivie d'un jeune homme, pauvrement vêtu, portant sur son dos un grand sac de charbon de bois. Il s'acheminait lentement vers le carrefour. Myoki porta encore une fois les cils à ses yeux. Elle eut beau regarder attentivement, tourner et retourner les cils, aiguiser son regard, le charbonnier ne se transforma pas. Elle pouvait donc lui faire confiance. Mais comment l'aborder ? Que penserait-il d'elle ? Elle décida donc de le suivre en secret. Elle verrait ainsi où il habitait et, en chemin, une idée lui viendrait peut-être sur la façon de s'y prendre pour lier conversation.

Au marché, le charbonnier échangea son charbon contre du thé, du riz, du sel ; puis, sans s'arrêter, il dirigea ses pas vers la montagne. Myoki le suivait à une certaine distance, tout en essayant de ne pas le perdre complètement de vue. L'un derrière l'autre, l'ombre du loup sur leurs talons, ils passèrent les rizières, puis s'engagèrent dans un sentier. Là, le jeune homme disparut. Affaiblie par la faim et la longue route, Myoki désespérait lorsqu'elle aperçut une fumée. Sans doute était-ce la meule du charbonnier. Elle partit dans cette direction et chemina jusqu'à une clairière où se trouvait une petite hutte, dressée à côté d'une meule fumante.

Myoki marcha droit vers la demeure et jeta un coup d'œil à l'intérieur. Il n'y avait personne, mais sur le feu se trouvait une bouilloire qui chantait doucement. Le maître des lieux ne pouvait être bien loin. Elle s'assit alors sur le seuil et attendit.

Au bout d'un moment, le charbonnier sortit de la forêt, s'arrêta devant la jeune fille et cria :

– Tu m'as donc suivi jusqu'ici, fantôme ! Toi et le grand loup noir qui court sur tes talons. Va ton chemin, chez moi, tu ne trouveras rien !

Myoki salua poliment le charbonnier et l'assura qu'elle n'était pas un fantôme, mais une jeune fille parfaitement humaine. En voyant ses beaux yeux humides et son joli sourire, le charbonnier s'adoucit tout d'un coup. Enhardie, Myoki lui raconta l'histoire de la méchante marâtre et l'injustice du père qui l'avait chassée du logis, la veille du nouvel an. Elle lui dit aussi qu'elle avait voulu se faire manger par les loups et, finalement, lui demanda s'il ne voulait pas la garder.

– Je sais faire la cuisine, je pourrai m'occuper de ton ménage. Tu seras satisfait de mes services.

– Je serai certainement satisfait, mais je ne sais pas si, toi, tu le seras. Je ne suis qu'un simple charbonnier qui gagne sa vie péniblement avec ses mains. Il n'y a aucun confort, ici, et la vie est plutôt rude.

Myoki n'avait nul besoin de luxe ; elle était trop heureuse de trouver un toit ! Ce qu'elle lui expliqua aussitôt.

Mais avant de pénétrer dans la hutte, il lui fallait se rafraîchir un peu. Elle demanda au charbonnier où elle pourrait se laver.

– Derrière la meule, à la lisière de la forêt, se trouve une source.

Elle s'y rendit sur-le-champ et se pencha sur l'eau qui brillait comme si le soleil s'y reflétait. Durant une seconde, elle crut apercevoir l'ombre fugitive d'un grand loup noir passer sur le miroir de la surface. L'ombre disparut bientôt et la jeune fille, intriguée, se pencha sur la source. Au fond se trouvaient de nombreuses pierres qui jetaient mille feux. Elle en sortit une de l'eau, un gros galet qui luisait doucement aux derniers rayons du couchant. Puis elle se pencha pour boire l'eau qui coulait d'un mince tuyau en bambou.

Soudain, elle suspendit son geste, étonnée. Ce n'était pas de l'eau qui coulait du tuyau, mais le meilleur des sakés ! Myoki prit la pierre dorée et courut à la hutte.

– Sais-tu ce que c'est que cette pierre ? demanda-t-elle au charbonnier.

– Évidemment ! Il y en a plein dans la source et tout autour. Elles sont très belles et ne perdent pas leur brillant, même une fois sèches, dit le charbonnier tranquillement. Regarde, j'en ai orné la cheminée. Et si tu le désires, je peux en tapisser le chemin qui mène à la source, tellement il y en a.

– Ce n'est pas une pierre, mais de l'or pur, expliqua Myoki. À la ville, on te donnera en échange tout ce que tu voudras, et tu n'auras plus à gagner péniblement ta vie.

– Tu penses qu'on me donnerait du riz en échange d'une pierre ? La fatigue a dû te troubler l'esprit !

Contre du charbon, oui, on me donne ce dont j'ai besoin – mais je n'arrive pas à en produire assez pour vivre correctement.

– Sais-tu au moins ce qui coule du tuyau de bambou de la source ?

– Ce n'est rien d'autre que de la bonne eau bien pure. J'en bois depuis des années et il ne m'est rien arrivé.

Myoki se mit à rire.

– De la bonne eau pure ! Ne sais-tu donc pas que c'est du saké, le meilleur que j'aie jamais bu ?

Puis elle lui expliqua au milieu de quels trésors il avait jusque-là peiné.

– Dès demain, nous porterons l'or en ville et nous l'échangerons contre de l'argent. Ensuite, nous ferons construire une auberge près de la source de saké. Et tu seras étonné de la vie que nous mènerons alors !

Le charbonnier n'en croyait rien, mais voyant que la jeune fille perdait de sa tristesse et de sa fatigue, il ne voulut pas la peiner. Le lendemain, donc, ils emportèrent l'or en ville. Et, peu de temps après, une jolie bâtisse, « À la meule éteinte », se dressa dans la clairière.

Bientôt, l'auberge, avec son bon saké et son aimable hôtesse, fut renommée dans tout le pays et, de près ou de loin, des marchands et des samouraïs venaient y faire halte.

La clairière était toujours très animée – on y croisait des hôtes illustres, des visiteurs moins nobles, des moines errants, vagabonds et mendiantes. Et l'hôtesse de l'auberge avait un sourire pour chacun et un repas bien chaud pour tous les miséreux.

Ainsi Myoki vécut-elle très longtemps auprès de son aimable époux. Parfois, l'ombre du grand loup noir sortait de la forêt pour y disparaître de nouveau après s'être assuré que tout allait au mieux pour les deux aubergistes.

Postface

Je vous parle d'un temps où des hordes de loups sillonnaient la campagne. Où les villageois terrifiés se calfeutraient chez eux la nuit venue pour se conter, à la veillée, des histoires à faire trembler ou sourire, tandis que des lointains venaient les hurlements des meutes en chasse. Cela se passait en France ou en Chine, dans la steppe russe ou dans les plaines scandinaves. Les loups étaient partout et partout répandaient la terreur. C'est de là qu'est née cette « peur du loup » que maintes générations ont tenté d'exorciser de tant de façons différentes.

Car, aux époques éloignées, le loup était moins un prétexte à faire peur aux petits enfants que le territoire infini de nos fantasmes. La sauvagerie et la cruauté incarnées.

Que savait-on de lui ? Peu de chose, au fond, car le loup a toujours régné sur la nuit et l'obscurité des forêts. C'est une bête mystérieuse, aussi insaisissable qu'une ombre, une bête extrêmement dangereuse dont le seul nom suffit à faire frémir les plus hardis. Ce sera ici « le grand loup noir », le cruel, le féroce qui hante les contes de mise en garde, dont les nombreux ancêtres du *Petit Chaperon rouge* de Perrault. Celui qui n'hésite pas à se déguiser en homme ou en grand-mère pour tromper l'innocence et la naïveté. Bête presque humaine, il ne lui manque pas même la parole. Bête plus qu'humaine, incarnant notre part de cruauté, de sauvagerie ? Peut-être bien, d'autant que nul ne peut affirmer avec certitude quelle est la véritable identité du loup. Nul ne sait s'il ne se cache pas sous son pelage un homme enchanté par un maléfice. Un loup-garou, qui a pris de la bête l'apparence et assouvit nuit après nuit son appétit de sang. Cet appétit qu'il lui serait impossible d'assumer autrement. Alors le loup ne serait-il pas l'envers de l'homme ? Ou son complémentaire.

Dans d'autres contes, le loup reste la bête sauvage qui décime les troupeaux et ne dédaigne pas à l'occasion de croquer un homme ou un petit enfant. Souvent, on a tenté de combattre la terreur qu'il inspire par le rire, faisant de l'animal un simple d'esprit, un benêt prêt à se laisser berner par le premier renard venu. C'est dans la tradition du *Roman de Renart* qu'apparaît ce type de « loup cornichon » qui laissera une nombreuse descendance dans la tradition populaire : des animaux stupides, capables de confondre un fromage avec le reflet de la lune, des couards à qui un chat et un mouton font peur.

Ailleurs, mais plus rarement, le loup peut apparaître comme un esprit bienfaisant qui veille aux destinées des personnages, voire un adjudant efficace, plus sage que le héros. J'en ai trouvé trace au Japon et dans les contes populaires russes, sans compter une des nombreuses légendes canadiennes dont le loup est le héros. Et comme cet aspect du loup est original et particulièrement intéressant, je n'ai pas hésité à les faire figurer dans cette anthologie qui tente de retracer à travers des contes « le loup dans tous ses états » et dans tous ses états d'âme.

Mais vous n'y trouverez pas les histoires trop connues comme *Les Trois Petits Cochons*, *La Chèvre et les sept Chevreaux* et, bien sûr, *Le Petit Chaperon rouge*, auquel j'ai préféré une version beaucoup plus ancienne, « La petite Jeannette ».

J'ai privilégié ici, tous pays confondus, les histoires inédites et celles qui mêlent entre elles les fils des différentes traditions. Comme, par exemple, « Le loup et les trois sœurs », d'origine chinoise, où l'on retrouve des épisodes de *La Chèvre et les sept Chevreaux*, du *Petit Chaperon rouge* ainsi que des traits parfaitement originaux. Ou « Lupus », entièrement retranscrit d'après une tradition du Moyen Âge.

Alors, féroce et sauvage, assoiffé de vengeance, impénitent incurable, bête imbécile ou loup-garou, à vous de choisir votre loup. Pour le meilleur et peut-être le pire...

BIBLIOGRAPHIE

J. et W. GRIMM, *Contes*, coll. « L'âge d'or », Flammarion, 1967.

Contes du Moyen Âge, racontés par Karel DVORAK, Gründ, 1982.

Rotraut Suzanne BERNER, *Les Contes du grand méchant loup*, éditions Albin Michel jeunesse.

Jean-François BLADE, *Dix contes de loup*, Nathan, 1979.

Le Grand Méchant Loup, j'adore, textes choisis et présentés par Simone LAMBLIN, éditions Le Livre de Poche, 1983.

Claude-Marie VADROT, *Le Loup*, Actes Sud junior.

Virginie LOU et Nicole CLAVELOUX, *Les Loups*, contes de l'Europe, éditions Casterman, 1995.

Geneviève CARBONE, *La Peur du loup*, Découvertes Gallimard, 1991.

Alain GAUSSEL, *Les Quatre Loups et autres contes*, Syros Jeunesse.

Mille ans de contes d'animaux, éditions Milan.

Le Tigre et le Dragon, contes chinois, Éditions bilingues, 1954.

Léo Lamarche

Dans mon enfance, une meute entière de loups se terrait sous mon lit. Des loups énormes, terribles et sanguinaires, sortis tout droit du livre de contes qu'on me lisait avant de m'endormir.

Sitôt la lumière éteinte, ils commençaient à s'agiter et à pousser leurs hurlements sinistres qui allaient jusqu'au plus profond de mes rêves. Je n'osais plus bouger un cil, sûre qu'ils allaient me dévorer au moindre mouvement sous la couette. Alors j'attendais, le cœur battant, les yeux agrandis dans la nuit.

Et dès que j'avais amassé assez de courage, je finissais par appeler mon père – qui venait aussitôt, avec son bon sourire, pour les chasser, jusqu'au dernier.

Il avait sa technique : il entrait dans la chambre, allumait toutes les lampes, baignait de lumière mes terreurs enfantines. Ensuite, il commençait à les traquer dans tous les coins, les placards, le coffre à jouets et même sous le matelas. Une fois qu'il avait mis les bêtes hors d'état de nuire, il me donnait un gros baiser sur le front et les terreurs disparaissaient. Et quand j'étais bien rassurée, il s'asseyait sur le rebord du lit pour me raconter l'histoire de Guillou.

« Il y avait autrefois, me disait-il, un jeune berger qui s'appelait Guillou et qui s'ennuyait fort à garder ses moutons. Avec son chien pour seule compagnie, dans la solitude des vertes prairies, les jours n'en finissaient pas de passer et de s'étirer vers le soir.

Il eut un jour une idée lumineuse pour agrémenter d'une bonne farce les longues heures de l'après-midi. Il se planta au bord du pâturage et, mettant ses mains en porte-voix, se mit à crier en direction du village :

– Au loup ! Au loup ! Au loup !

Aussitôt, Martin Taillefer et Jean le Rouge saisirent l'un sa faux et l'autre sa hache et s'élancèrent vers la colline. Bien décidés à avoir la peau de la bête avant qu'elle ne décime le troupeau.

Du plus loin qu'il les vit accourir en brandissant leurs armes, rouges, haletants et effarés, le jeune Guillou commença à se tenir les côtes. Sa blague avait parfaitement réussi.

Les deux hommes arrivèrent en trombe, mais aucune trace du loup, moutons et brebis paissaient tranquillement. Intrigués, ils avancèrent encore et Guillou, qui n'en pouvait plus, leur éclata de rire au nez.

– Ah ! Ah ! Ah ! Je vous ai bien eus ! cria-t-il en dansant sur place.

Les deux compères, un peu déconfits mais heureux de le voir sain et sauf, rirent avec lui. Puis, après avoir bavardé un instant, s'en revinrent au village sans autre commentaire.

Quelques jours passèrent, Guillou avait épuisé tous ses tours et restait seul face à l'infini du ciel et aux vastes plaines verdoyantes. L'ennui s'empara de nouveau de lui. Il n'en pouvait plus de solitude et voulait voir quelqu'un. Alors, sans réfléchir, il se remit à hurler :

– Au loup ! Au loup ! Au loup !

En entendant ses cris, les habitants du village se dirent : "Cette fois, c'est vrai, il y a bien un loup là-haut, le petit berger ne nous ferait pas la même blague deux fois de suite ! Dépêchons-nous, avant de trouver le troupeau égorgé et notre pâtre en pièces !"

Tous les hommes valides s'armèrent donc et coururent sus au loup.

Mais, du fauve, nulle trace. Dans la prairie, les moutons broutaient l'herbe verte et, derrière son buisson, Guillou se roulait par terre de rire en voyant leur air dépité.

– Voyons, Guillou ! dit Jean le Rouge en colère, voici deux fois que tu nous déranges pour rien, nous n'avons pas que ça à faire !

– Je m'ennuie tant ! répondit le berger. Ne m'en veuillez pas, s'il vous plaît. Je ne sais pas ce qui m'a pris. Je ne recommencerai plus, promis !

Et, en effet, Guillou se tint tranquille toute la semaine. Pour tuer le temps, il jouait avec son chien et faisait des farces aux brebis. Il continuait, bien sûr, à s'ennuyer, mais il avait compris la leçon.

Un bel après-midi qu'il suivait la course des nuages dans l'azur du ciel, il vit un mouton détaler brusquement et partir se cacher derrière une haie.

– Eh là ! Qu'est-ce qu'il te prend ?

La réponse ne tarda pas. Derrière le mouton affolé pointait le museau écumant d'un loup au regard cruel. Puis un deuxième, et un troisième. C'est une meute tout entière qui sortait à présent des bois pour s'avancer, à pas de loup, vers les moutons. Terrifié, Guillou se mit à appeler au secours de toute la force de ses poumons :

– Au loup ! Au loup ! Au loup !

Mathieu Taillefer et Jean le Rouge étaient justement à bavarder sur le pas de leur porte.

– Tiens, voilà notre Guillou qui s'amuse !

Sacré farceur ! Il est vrai qu'on s'ennuie ferme dans la solitude des pâturages, mais nous, on a du travail ! Pas question cette fois-ci d'aller lui tenir compagnie !

Ils abandonnèrent donc Guillou à son triste sort. Triste, car le jeune garçon finit dévoré tout cru ainsi que son troupeau ! »

« Alors, disait mon père, avant de crier au loup, tourne sept fois ta langue dans ta bouche. Ce n'est pas un appel qu'il faut lancer à la légère, car la vilaine bête finit toujours, un jour ou l'autre, par arriver ! »

Xavier Mussat

Contes et Légendes du Loup

DANS LA MÊME COLLECTION

Contes et Légendes des héros de la mythologie, Christian Grenier.

Contes et Légendes de la naissance de Rome, François Sautereau.

Contes et Récits des héros de la Rome antique, Jean-Pierre Andrevon.

Contes et Légendes - Les Métamorphoses d'Ovide, Laurence Gillot.

Contes et Légendes de la mythologie grecque, Claude Pouzadoux.

Contes et Récits des héros de la Grèce antique, Christian Grenier.

Contes et Légendes - L'Iliade, Jean Martin.

Contes et Légendes - L'Odyssée, Jean Martin.

Contes et Légendes - Les douze travaux d'Hercule, Christian Grenier.

Contes et Légendes de l'Égypte ancienne, Brigitte Évano.

Contes et Légendes du temps des pyramides, Christian Jacq.

Contes et Légendes de la mythologie celtique, Christian Léourier.

Contes et Légendes des Jeux d'Olympie, Brigitte Évano.

Contes et Récits des Jeux olympiques, Gilles Massardier.

Contes et Légendes des Vikings, Lars Haraldson.

Contes et Légendes des chevaliers de la Table ronde, Jacqueline Mirande.

Contes et Légendes du Moyen Âge, Jacqueline Mirande.

Contes et Récits des héros du Moyen Âge, Gilles Massardier.

Contes et Récits - Les grandes énigmes de l'histoire, Gilles Massardier.

Histoires et Récits de la Résistance, Christian Léourier.

Contes et Récits de Paris, Stéphane Descornes.

Contes et Récits de la conquête de l'Ouest, Christophe Lambert.

Contes et Légendes d'Afrique d'ouest en est, Yves Pinguilly.

Contes et Légendes - La Corne de l'Afrique, Yves Pinguilly.

Contes et Légendes d'Arménie, Reine Cioulachtjian.

Contes et Légendes de Bretagne, Yves Pinguilly.
Contes et Légendes de Provence, Jean-Marie Barnaud.
Contes et Légendes des fées et des princesses, Gudule.
Contes et Légendes des lieux mystérieux, Christophe Lambert.
Contes et Légendes de la peur, Gudule.
Contes et Récits des chevaux illustres, Pierre Davy.
Contes et Légendes des animaux magiques, Collectif.
Contes et Récits des héros de la montagne, Christian Léourier.
Contes et Légendes de la nature enchantée, Collectif.
Contes et Récits - Icare et les conquérants du ciel, Christian Grenier.
Contes et Légendes - Barberousse et les conquérants de la Méditerranée,
Claire Derouin.

Réalisation de la maquette :
ÉQUILIBRE Multimédia - Fabienne Vérin - Avignon (84)

N° d'éditeur : 10103205
Dépôt légal : février 2004
Imprimé en Espagne